Hermann Kettner

Varronische Studien

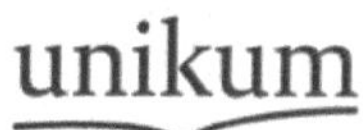

Hermann Kettner

Varronische Studien

ISBN/EAN: 9783845744728

Erscheinungsjahr: 2012

Erscheinungsort: Bremen, Deutschland

www.unikum-verlag.de | office@unikum-verlag.de

Hermann Kettner

Varronische Studien

VARRONISCHE STUDIEN

VON

H. KETTNER.

HALLE,

VERLAG DER BUCHHANDLUNG DES WAISENHAUSES.

1865.

I. Ueber die varronischen Citate bei Isidorus Hispalensis.

Es ist mehrfach ausgesprochen worden, z. B. von Mercklin im Philolog. XIII. p. 735, dass für eine brauchbare Sammlung der varronischen Fragmente, die auch ohnehin noch eine Zeit lang auf sich warten lassen dürfte, Untersuchungen über die Quellen der späteren römischen, sowie einiger griechischer Schriftsteller sehr nützlich, ja durchaus nothwendig sind. Denn schon hat man durch solche von Kiessling, Thilo, Mercklin u. A. angestellte Forschungen die Zahl der Bruchstücke, namentlich der antiquarischen Schriften, jenes Autors so ausserordentlich anwachsen sehen, dass, wenn man andere Gewährsmänner, wie Servius, die nach dieser Richtung hin noch nicht durchsucht sind, betrachtet, man zu dem Schlusse berechtigt zu sein scheint, die Zahl der ausdrücklich unter Varros Namen aufbehaltenen Fragmente sei, wiewohl immerhin gross genug, doch geringer als die der ohne die Angabe seines Namens erhaltenen. Aber auch nach der entgegengesetzten Seite hin kann man sich hiervon einigen Nutzen versprechen, indem manches bisher getrennt Aufgeführte vereinigt, Anderes als erst durch mehrere andere Hände hindurchgegangen und darum nicht selten getrübt sich herausstellen wird.

Letzteres an einem Beispiele darzuthun, ist der Zweck dieser Studie, in welcher die varronischen Citate in den Schriften des Isidorus Hispalensis geprüft werden sollen, soweit als dies ohne eine allgemeine eingehende Untersuchung über die von Isidor in seinen Werken, namentlich in den Etymologiae, benutzten oder vielmehr compilierten Werke, welche leider noch vermisst wird, möglich ist. Es wird aber genügen, die nicht kleine Zahl der Stellen in Betracht zu ziehen, an welchen des Varro Name wirklich als Autorität angegeben ist, und die äusserst zahlreichen, an welchen dies nicht der Fall ist, die aber doch mit varronischem Besitzthum in Verbindung gebracht werden können, zu übergehen, da, wenn es sich zeigen sollte, dass Isidor jene 36 Stellen, an denen er des Varro Erwähnung thut, nicht aus diesem selbst, sondern erst mittelbar durch andere Gewährsmänner aus ihm geschöpft hat, dasselbe sich auch von jenen mit grosser Sicherheit behaupten lassen wird.

Ausschliessen müssen wir nun zunächst die Stelle etym. VIII, 6, 19: Alii vero spiritualiter intellexerunt mentem esse Deum, ut Thales Milesius ... Quidam et spiritum et mentem, ut Maro. an welcher einige codd. nach Arevalus tom. III. p. 585 und Otto in h. l. für Maro: Varro bieten, was beide genannten Herausgeber jedoch mit Recht verwerfen, und Otto richtig durch Hinweis auf die Stelle Verg. Aen. VI, 724 sq. deutet. Dieselbe Verwechslung von Maronis und Varronis findet sich z. B. beim Mythogr. III. M. p. 208. Möglicher Weise entnahm Isidor auch dies Citat nur aus Lactantius, man vergleiche inst. div. I, 5, 11: Nostrorum primus Maro non longe fuit a veritate: cuius de summo Deo, quem mentem ac spiritum nominavit, haec verba sunt: (Aen. VI, 724 sqq.); und ebend. §. 16: Thales Milesius .. dixit .. Deum autem esse mentem, qui ex aqua cuncta formaverit. wie man denn auch für das über Pythagoras dort Beigebrachte vergleichen kann Lact. a. a. O. §. 17, für Cicero ebend. §. 25. Zu den letzten Worten des §. 19 bringt Arevalus die Quelle bei, Tertull. apolog. c. 47 (auch in ad natt. II, 2 med.); der dann folgende §. 20 ist in der ersten Hälfte aus Tertull. ad natt. II, 2 med. (nur zum Theil in apolog. l. l.), in der zweiten Hälfte aus der Stelle des Apologeticus entlehnt; über §. 21 s. unten n. 3.; §§. 22—23 stammen aus Tertull. de praescript. haer. c. 7. Endlich ist der der vorliegenden Stelle vorausgehende §. 17 in der ersten Hälfte aus Augustin. de Civ. D. XIV, 17 extr., womit ziemlich wörtlich ebend. XV, 20 med. stimmt, entnommen, während die Schlussworte: hi et sqq. nur aus letztgenannter Stelle Augustins stammen. Ein Beispiel dafür, in welcher Weise zu verstehen ist, was Isidor selbst über sein Werk in der epistola ad Braulionem (ed. Otto p. 11) sagt: opus de origine quarundam rerum ex veteris lectionis recordatione collectum atque ita in quibusdam locis annotatum, sicut extat conscriptum stilo maiorum.

Ebenfalls nicht dem Varro Reatinus gehört an, was Isidor etym. XVII, 7, 57. 58 mittheilt, wiewohl es von Otto p. 643 nicht von den Fragmenten jenes getrennt ist: Arundo dicta, quod cito arescat. Hanc veteres cannam vocaverunt, arundinem vero postea Varro dixit. (Schol. Lucan. V, 517: Notandum canna; cum omnes arundinem dicant, hic cannam ait, sed secutus est Varronis exemplum.) Sane sciendum, quod Latinum canna de lingua Hebraea sumptum est. Apud eos enim calamus canna dicitur. (Hieronymus comment. lib. II. in Hierem. cap. VI. ed. 1684. tom. V. p. 234, G.: Calamum autem, quod Hebr. dicitur קָנֶה ... de terra venire longinqua, propheticus sermo testatur: ut intelligamus Indiam, de qua per mare rubrum plura veniunt aromata.) Cicuta autem est, quod est inter cannarum nodos (= Serv. in Verg. ecl. II, 36): dicta, quod lateat. §. 58. In Indicis stagnis nasci arundines calamique dicuntur, ex quorum radicibus expressum suavissimum succum bibunt, unde et Varro ait:

Indica non magna nimis arbore crescit arundo,
Illius e lentis premitur radicibus humor,
Dulcia cui nequeant succo concedere mella.

Mit diesen Versen verbinde man auch was Solinus cp. 52 ed. Salm. p. 58, G. über Indien sagt: Quae palustria sunt, arundinem creant ita crassam, ut fissis internodiis lembi vice vectitet navigantes. E radicibus ejus exprimitur humor dulcis ad melleam suavitatem. Indessen ist in der Stelle des Isidor unter Varro hier der Atacinus zu verstehen, aus dessen Cosmographia (so Ritschl für Chorographia) die drei Verse entnommen sind, und unter deren Fragmente sie von Wernsdorf, Poet. Lat. min. V, 3 p. 1407 und dann von

Meyer, antholog. n. 78, v. 18—20 aufgenommen sind. Ueber ihren Inhalt s. Salmasius in Solin. p. 716, a, C. (ed. Traject. ad Rhen. 1689) und Meyer a. a. O. Die Bemerkung Isidors aber in §. 57 bezieht sich selbstverständlich eben nur auf diese Verse.

Es bleiben nun noch folgende Stellen übrig:

1. Isidor. etym. XI, 1, 51: Linguae a ligando cibum putat Varro nomen impositum.

Dies varronische Fragment (Varro ed. Durdr. p. 189) ist offenbar wörtlich entlehnt aus Lactant. de opific. D. c. 10: Itaque Varro a ligando cibo putat linguae nomen impositum, ebenso wie

2. Isidor. etym. XI, 1, 97: Renes ait Varro dictos, quod rivi ab his obscoeni humoris nascantur.

aus Lactant. de opif. D. c. 14: Quid renum gemina similitudo? quos ait Varro ita dictos, quod rivi ab his obsceni humoris oriantur. Das Fragment (Varro ed. Durdr. p. 189) ist aus Isidor auch übergegangen in des Papias vocabul. s. v. Renes, s. Mercklin, Philolog. III. 1848. p. 554. Ueber die Schrift, der diese sowie die vorige Stelle angehörten, s. Wilmanns de Varr. libb. gramm. Diss. Bonn. 1863. p. 36 adn.

3. Isidor. etym. VIII, 6, 21; Unde et Varro ignem mundi animum dicit, proinde quod in mundo ignis omnia gubernet, sicut animus in nobis. Quam vanissime: Qui cum est, inquit, in nobis, ipsi sumus: cum exit, emorimur. Ergo et ignis cum de mundo per fulgura proficiscitur, mundus emoritur.

Fast wörtlich entlehnt aus Tertullian. ad nationes II, 2 extr.: Unde et Varro ignem mundi animum facit, ut perinde in mundo ignis omnia gubernet sicut animus in nobis. Atqui vanissime. Nam cum est, inquit, in nobis, ipsi sumus; cum exit, emorimur. Ergo et ignis cum de mundo per fulgura proficiscitur, mundus emoritur. Varro ed. Durdr. p. 227. In Betreff des Inhaltes ist zu vergleichen Francken, fragmenta Varr. in libb. August. d. C. D. p. 68 und Krahner Grundlinien p. 51; über den Platz Krahner de Varr. philosoph. p. 16.

4. Isidor. etym. XIII, I, 2: Unde et animalia Varroni videntur elementa, qnoniam per semetipsa, inquit, moventur. Graeci vero nomen mundo de ornamento accommodaverunt, propter diversitatem elementorum et pulchritudinem siderum. Appellatur enim apud eos κόσμος, quod significat ornamentum. Nihil enim mundo pulchrius oculis carnis aspicimus.

Der erste, Varro betreffende Theil ist genommen aus Tertull. ad natt. II, 3: Et tamen unde animalia Varroni videntur elementa? Quoniam elementa moventur. Ac ne ex diverso proponatur, multa alia moveri, ut rotas, ut plaustra, ut machinas ceteras, ultro praevenit dicens eo animalia credita, quod per semetipsa moverentur. Auf Varro geht doch wohl auch zurück die Notiz bei Servius in Verg. Aen. IV, 524: elementa etiam animalia esse voluerunt. Die zweite Hälfte jenes §. bei Isidor scheint aus Tertull. apolog. c. 17: unde et Graeci nomen mundo κόσμον accommodaverunt zu stammen. Die Begründung dieser von Pythagoras eingeführten Bezeichnung (Plutarch. de placit. philos. II, 1: Πυθαγόρας πρῶτος ὠνόμασε τὴν τῶν ὅλων περιοχὴν κόσμον ἐκ τῆς ἐν αὐτῷ τάξεως) kehrt in ähnlicher Fassung wieder bei Varro ap. Prob. in Verg. ecl. 6, 31 p. 18 ed. K.: graece ab ornatu κόσμος, latine a puritia mundus. Plinius nat. hist. II. §. 4: nam quem κόσμον Graeci nomine ornamenti appellavere eum et nos a perfecta absolutaque elegantia mundum, und häufig bei den Kirchenvätern, so noch bei Tertull. adv. Marcion. I, 13, Hieronymus comment. lib. XII. in Ezechiel. cap. XL (ed. 1684. tom. V. p. 446, C.), Hieron. comm. in Jonam cap. 1 (tom. VI. p. 98, C.). Indessen steht die oben angegebene Stelle in Tertull. apolog. dem Wortlaute des Isidor am nächsten. Das Fragment (ed. Durdr. p. 228) gehört jedenfalls zu den Antiqq. rer. div.; ob zu lib. I, s. Merkel in Ovid. Fast. p. CVII. sqq., oder zu dem prooemium des lib. XVI, s. Merkel p. CCXXIV, ist zweifelhaft; das Erstere jedoch scheint das wahrscheinlichere. Dagegen würde Ritschl quaestt. Varr. p. 49, wenn er eingedenk gewesen wäre, dass Isidor an dieser sowie an der unter n. 3 angeführten Stelle nicht den Varro selbst ausgeschrieben hat, nicht an ein Buch der Disciplinae gedacht haben. Ueber den Inhalt s. ausser Merkel a. a. O. besonders Augustin. de Civ. D. VII, 6 und Krahner Grundlinien p. 51 und Ders., de Varr. philosoph. p. 14.

5. Isid. etym. XVIII, 16, 2: Ludorum origo sic traditur: Lydii ex Asia transvenae in Hetruria consederunt duce Tyrrheno, qui fratri suo cesserat regni contentione. Igitur in Hetruria inter caeteros ritus superstitionum suarum spectacula quoque religionis nomine instituerunt. Inde Romani accersitos artifices mutuati sunt, et inde ludi a Lydis vocati sunt. Varro autem dicit ludos a lusu vocatos, quod juvenes per dies festos solebant ludi exultatione delectare populum. Unde et eum lusum juvenum et diebus festis et templis et religionibus reputat.

Ed. Durdr. p. 224. Vergleicht man hiermit Tertull. de spectac. c. 5 in.: Extant auctores multi, qui super ista re commentarios ediderunt. Ab his ludorum origo sic traditur. Lydos ex Asia transvenas in Etruria consedisse Timaeus refert, duce Tyrrheno, qui fratri suo cesserat regni contentione. Igitur in Etruria inter ceteros ritus superstitionum suarum spectacula quoque religionis nomine instituunt. Inde Romani arcessitos artifices mutuantur, tempus, enuntiationem, ut ludi a Lydis vocarentur. Sed etsi Varro ludos a ludo, id est a lusu interpretatur, sicut et Lupercos ludios appellabant, quod ludendo discurrant, tamen eum lusum juvenum et diebus festis et templis et religionibus reputat. so kann es nicht dem geringsten Zweifel unterworfen sein, dass Isidor das Ganze, sowie so vieles Andere in diesen und den folgenden Capiteln, aus Tertullian entnommen hat; die Worte quod juvenes per dies festos solebant ludi exultatione delectare populum werden wohl nur erweiternde Variation der Worte des Tertull. sein: quod ludendo discurrant. Die Stelle des Tertullian hat Reifferscheid mit vollem Recht unter die Suetonfragmente, p. 332 sqq., aufgenommen, s. ebend. p. 463 sq. Nicht minder richtig aber hätte er Alles, was Isidor. etym. XVIII, c. 16—58 de ludis Romanorum beibringt, und worüber er selbst p. 465 sagt: praeterea non vulgaris doctrina cernitur in eis, quae Isidorus l. c. 17—58 de ludis Romanorum tradit, ut facile suspicio oriatur, eum etiam in hac originum parte e Tranquilli memoria pendere, mit Ausnahme dessen, was jener aus Tertullian ausschreibt, unter die Suetonfragmente setzen können. Weniger Wahrscheinlichkeit dagegen würde die Annahme haben, dass Isidor auch diese Stelle nicht aus Tertullian, sondern unmittelbar aus Sueton genommen habe, da auch die wörtliche Fassung des §. 3: Nihil est jam de causa vocabuli, dum rei causa idololatria sit u. s. f. natürlich nur dem Kirchenvater und nicht dem Sueton angehören kann. Aus derselben varronischen Stelle, die hier dem Sueton zu Grunde lag, schöpfte auch Dionys. Halic. II. c. 71: *ἐκ τῶν περὶ τὰς πομπὰς τάς τε ἐν ἱπποδρόμῳ καὶ τὰς ἐν τοῖς θεάτροις γινομένας... καί εἰσιν οὗτοι τῆς πομπῆς ἡγεμόνες καλούμενοι πρὸς αὐτῶν ἐπὶ τῆς παιδιᾶς τῆς ὑπὸ Λυδῶν ἐξευρῆσθαι δοκούσης λυδίωνες.* Mit ziemlicher Sicherheit werden wir nun auch das varronische Bruchstück bei

6. Isid. etym. XVIII, 50: Saltatores autem nominatos Varro dicit ab Arcade Salio, quem Aeneas in Italiam secum adduxit, quique primo docuit Romanos adolescentes nobiles saltare.

welches dem Isidor Papias wieder entnommen hat, vocab. s. v. Saltatores, s. Mercklin Philol. III. 1848. p. 554, als aus Sueton entlehnt ansehen dürfen. Freilich hat Isidor die Worte des Sueton in solcher Weise excerpiert, dass die eigentliche Meinung des Varro, wie auch sonst öfter geschehen, verdunkelt worden ist. Um dies, sowie den Zusammenhang, aus dem das Citat gerissen, zu erkennen, ist es nöthig, die hierher gehörigen Zeugnisse des Servius, Verrius Flaccus bei Festus, Plutarch, Dionys. Halicarn. und Ovid, von denen es gewiss ist, dass sie die Schriften Varros in ausgedehntem Maasse unabhängig von einander excerpierten, wodurch natürlich nicht ausgeschlossen wird, dass die Schriftsteller sich auch untereinander benutzt haben, wie dies von Plutarch mit dem Dionys feststeht, s. Fr. Leo, de Plutarch. Qu. Ro. auct. Diss. Hal. 1864. p. 21 sqq., neben einander zu stellen. Dass aber die genannten Schriftsteller auch an diesen Stellen gerade auf Varro recurrieren, ergiebt sich, abgesehen von der auffallenden Uebereinstimmung unter einander, auch daraus, dass der Name Varro ausdrücklich von Servius in Verg. Aen. VIII, 285 und in der Isidorstelle angezogen wird, von der es sich bald ergeben wird, dass sie mit jenen in engem Zusammenhange steht. Noch bemerke ich, dass die Uebereinstimmung der genannten vier Gewährsmänner noch viel weiter geht, als hier anzugeben nothwendig ist, und dass mit der Weglassung mancher Worte nicht präjudiciert werden soll, dass nicht auch jenes sowie vieles Andere an den genannten Stellen und an anderen damit zu verbindenden (wie Acron und Porphyrion in Horat. carm. I, 36, 11) auf dieselbe Autorität zurückgeht; so vergleiche man z. B. mit den Worten Serv. in V. Aen. VIII, 285: Sunt autem Salii Martis et Herculis, quoniam Chaldaei stellam Martis Herculem dicunt. quos Varro sequitur (Merkel in Ovid. Fast. p. CXIII setzt dies zweifelhaft in Antiqq. rer. div. lib. II.) noch Serv. in V. Aen. VIII, 275 und Macrob. Sat. III, 12, 6. Auch der bei Weitem grösste Theil der Berichte über den Mamurius Veturius und die ancilia,*) nämlich bei Ovid. Fast. III, 377 sqq., Paul. Fest. p. 131, 7 sqq.,

*) Beiläufig erwähne ich, dass mir die von Varro aufgestellte Etymologie dieses Wortes, der auch nebst fast allen Alten Preller Röm. Myth. p. 314 Anm. 1 folgt (an-caedere, l für d), nicht das Richtige zu treffen scheint. Das Wort, welches noch sehr oft adjectivisch gebraucht worden ist, s. Serv. in V. Aen. VIII, 285. Charis. p. 81, 22 K. Valer. Maxim. I, 1, 9. Acron in Horat. carm. III, 5, 10. Inscr. Or. n. 2244. Philocal. 9. März. (Corp. Inscr. Lat. I. p. 338): arma ancilia. Juvenal. 2, 126: clipeis ancilibus, ist wohl gebildet, wie servilis, puerilis, virilis u. a. von servus u. s. w., so von ancus, welches von Paul. Fest. p. 19, 15 erklärt wird: Ancus appellatur, qui aduncum brachium habet, et exporrigi non potest; vgl. Serv. in Aen. VI, 816 und Inc. auct. de praenom. p. 746, 2 ed. Kempf. Auf die zahlreichen Bildungen von der Wurzel anc kann hier nicht eingegangen werden, indessen sieht man, dass die Zusammenstellung des Wortes mit ἀγκύλος, Juba bei Plutarch. Num. c. 13, (vgl. Hartung Relig. d. Röm. II p. 165) nicht ungeschickt ist. Durch die Notiz des Varro beim Auctor de praenominibus l. l.: Ancum praenomen Varro e Sabinis translatum putat werden wir passend zu den Sabinern gewiesen, an welche ja auch manches Andere in dem Salierinstitute erinnert.

Dionys. Halic. II. c. 71, Plutarch. vit. Num. c. 13 (vgl. Merkel in Ovid. Fast. p. C.), Servius in V. Aen. VIII, 664. VII, 188. II, 166. Isid. etym. XVIII, 12, 3, wird sicher auf Varro zurückgehen, freilich nicht auf de l. l. VII, 43 und de l. l. VI, 45, wiewohl dies von der Plutarchstelle C. A. A. Schmidt, de fontt. Plut. in vitt. Rom. et Num. Diss. Hal. 1863 (? s. a.) p. 29 annimmt, sondern auf eine Stelle der Antiquitates.

Servius in Aen. VIII, 285.	Festus p. 326 b, 32.	Plut. vit. Num. c. 13.	Dionys. Halic. II. c. 70.
Quidam hos (Salios) a saltu appellatos tradunt, quos alii a Numa institutos, ut arma ancilia portantes saltarent: ergo bene a saltu appellati; vgl. Ovid. Fast. III, 387: jam dederat saliis a saltu nomina dicta.	Salios a saliendo et saltando dictos esse quamvis dubitari non debeat,	(Σάλιοι . . ἐκλήθησαν) μᾶλλον ἀπὸ τῆς ὀρχήσεως αὐτῆς ἁλτικῆς οὔσης	καί εἰσιν οἱ σάλιοι . . . ὠνομασμένοι . . ὑπὸ . . Ῥωμαίων ἐπὶ τῆς συντόνου κινήσεως· τὸ γὰρ ἐξάλλεσθαί τε καὶ πηδᾶν σαλῖρε ὑπ' αὐτῶν λέγεται. ἀπὸ δὲ τῆς αὐτῆς αἰτίας καὶ τοὺς ἄλλους πάντας ὀρχηστὰς, ἐπεὶ κἀν τούτοις πολὺ τὸ ἅλμα καὶ σκίρτημα ἔνεστι, παράγοντες ἀπὸ τῶν σαλίων τοὔνομα σαλτάτωρας καλοῦσιν.
Alii dicunt, Salium quendam Arcadem fuisse qui Trojanis junctus hunc ludum in sacris instituerit; Serv. in Verg. Aen. VIII, 663: (Salios) alii a Salio Aeneae comite dictos volunt.	tamen Polemon ait Arcada quendam fuisse, nomine Salium, quem Aeneas a Mantinea in Italiam deduxerit, qui juvenes Italicos ἐνόπλιον saltationem docuerit,	(οὐχ, ὡς ἔνιοι μυθολογοῦσιν,) . . Μαντινέως, ὄνομα Σαλίου, πρώτου τὴν ἐνόπλιον ἐκδιδάξαντος ὄρχησιν,	
nonnulli tamen hos *) a Dardano	At Critolaus Saonem ex Sa-	Σάλιοι . . ἐκλήθησαν, οὐχ,	

*) Dies hos wird zwar von Lobeck, der diese Stelle a. a. O. citiert, stillschweigend ausgelassen, es steht aber in dem einzigen codex, der

Servius in Aen. VIII, 285.	Festus p. 326 b, 32.	Plut. vit. Num. c. 13.
institutos volunt, qui Samothracibus diis sacra persolverent. Serv. in Aen. II, 325: nam et Samothraces horum Penatium antistites suos (Lobeck Agl. p. 1292, prob. Müller in Fest. p. 329 a, 4: Saos) vocabant, qui postea a Romanis Salii appellati sunt.	mothrace, cum Aenea deos Penates qui Lavinium transtulerit, saliare genus saltandi instituisse. a quo appellatos Salios.	ὡς ἔνιοι μυθολογοῦσι, Σαμόθρακος ἀνδρός.

Hieraus kann man mit leichter Mühe die varronischen Worte zusammensetzen, und man sieht dann, dass Varro die Herleitung von einem Arkadier Salius nicht für saltatores sondern für die Salii in Anspruch nahm (Fest.: qui juvenes Italicos ἐνόπλιον saltationem docuerit), und nur die Etymologie des Wortes saltatores daran anknüpfte (Dionys.: ἀπὸ δὲ τῆς αὐτῆς αἰτίας καὶ τοὺς ἄλλους πάντας ὀρχηστὰς .. παράγοντες ἀπὸ τῶν σαλίων τοὔνομα σαλτάτωρας καλοῦσιν.).

7. Isid. etym. XI, 3, 1: Portenta esse ait Varro, quae contra naturam nata videntur, sed non sunt contra naturam, quia divina voluntate fiunt, cum voluntas creatoris cujusque conditae rei natura sit.

Dies vermeintliche Bruchstück findet sich zwar in ed. Durdr. p. 191 unter denen, bei welchen das Werk, aus denen sie genommen, nicht angegeben ist (nur in Folge eines Druckfehlers als aus lib. 9 Isidor., der denn auch in die ed. Bipont. p. 347 übergegangen ist), ist aber sicherlich zu tilgen; man vergleiche nämlich Augustin. de Civ. D. XXI, 8 (ed. Dombart. II. p. 441, 10): Est in Marci Varronis libris, quorum inscriptio est: De gente populi Romani, quod eisdem

---

diese Stelle enthält; und es muss dafür wohl saos gelesen werden, wie an der andern Serviusstelle Lobeck mit Recht hergestellt hat.

verbis, quibus ibi legitur, et hic ponam: In caelo, inquit, mirabile extitit portentum; nam in stella Veneris ... mathematici nobiles. Hoc certe Varro tantus auctor portentum non appellaret, nisi esse contra naturam videretur. Omnia quippe portenta contra naturam dicimus esse; sed non sunt. Quo modo est enim contra naturam, quod Dei fit voluntate, cum voluntas tanti utique conditoris conditae rei cujusque natura sit? Es leuchtet ein, dass Isidor den Augustin nur nachlässig excerpiert hat; die Anführung des Namens Varro bezieht sich nicht im Mindesten auf die folgende Auseinandersetzung über portenta, sondern auf die lange Stelle aus der Schrift de gente P. R. Unmöglich aber kann Isidor eine andere Stelle hier vor Augen gehabt haben, das beweisen auch die folgenden §§., denn §. 2 ist entnommen aus Augustin. l. l. (p. 441, 24 sqq. und p. 444, 9 sqq.), und der erste Theil von §. 3 mit geringer Abweichung aus Aug. l. l. p. 443, 32 sqq. Ja, jene Bestimmung bei Isidor würde auch schlecht stimmen mit der Definition, die ausdrücklich und mit besserem Grunde dem Varro zugeschrieben wird von Servius in Verg. Aen. III, 366: Varro sane haec ita definit: ostentum, quod aliquid hominibus ostendit; portentum, quod aliquid futurum portendit; prodigium, quod porro dirigit; miraculum, quod mirum est; monstrum, quod monet. womit vgl. Festus p. 138[b], 23: portentum, quod portendat et significet (s. Paul. Fest. p. 140, 6); Fest. p. 245[a], 14 und Sueton. ed. Reiff. p. 284. S. auch no. 34.

8. Isid. etym. I, 3, 1: Primordia grammaticae artis literae communes existunt, quas librarii et calculatores sequuntur. Quorum disciplina velut quaedam grammaticae artis infantia est, unde et eam Varro literationem vocat. ...

Das Fragment, ed. Durdr. p. 19, welches Popma und Lindemann Corp. gramm. I. p. 309 zu einem Liber de grammatica stellten, Ritschl Quaestt. Varr. p. 7 dagegen mit Recht auf den Disciplinarum lib. I. bezogen hat, hat Isidor entlehnt aus Augustinus de ord. II, 35: nata est illa librariorum et calculonum professio velut quaedam grammaticae infantia, quam Varro litterationem vocat: graece autem quomodo appelletur, non satis in praesentia recolo. aus welcher Stelle man zugleich sieht, dass Otto in Isid. l. l. Lindemanns Vermuthung, welcher a. a. O. nach einigen andern Stellen litteraturam schreiben wollte, zu verwerfen das Recht hatte. Mehrere, zum Theil ausführlichere, Parallelstellen, aus Martianus Capella, Asper und Marius Victorinus, bringt Ritschl l. l. bei; und Krahner Varr. Curio p. 20 Anm. 2 fügt noch eine aus Augustinus in Crescon. gramm. I, 14 hinzu. Endlich hat den Isidor wiederum ausgeschrieben Joannes Sarisberiensis, Metalog. I, 21, s. Oehler Varr. satir. p. 13 Anm.

9. Isid. etym. I, 26, 15: Maxumus an maximus, et siqua similia sunt, qualiter scribi debeant, quaesitum est. Varro tradidit, Caesarem (cod. Lucanus bei Areval. t. III. p. 551: tradidit ad Caesarem) per i hujusmodi verba enunciare et scribere solitum esse: inde propter auctoritatem tanti viri consuetudinem factam, ut maximus optimus pessimus scribatur.

Otto weicht auf Grund seiner schlechteren Handschriften von diesem Texte vielfach ab. Das Fragment, ed. Durdr. p. 185, welches von Ritschl Quaestt. Varr. p. 27 auf die libri de origine linguae latinae bezogen wird, ist entnommen aus Cassiodorus de orthographia ed. Migne t. II. p. 1244, C. (Grammat. lat. p. 2284 P.), welcher es seinerseits aus Cn. Cornutus entlehnt: Lacrumae an lacrimae, maxumus an maximus, et si quae similia sunt quomodo scribi debeant, quaesitum est. Terentius Varro tradit Caesarem per i ejusmodi verba solitum esse enuntiare et scribere: inde propter auctoritatem tanti viri consuetudinem factam. Siehe auch Quintil. inst. or. I, 7, 21.

10. Isid. etym. II, 23, 1: Dialecticam vero et rhetoricam Varro in novem disciplinarum libris tali similitudine definivit: Dialectica et Rhetorica est, quod in manu hominis pugnus astrictus et palma distensa: illa verba contrahens, ista distendens.

Dies dem Prooemium von Disciplinarum lib. I, wie Ritschl Quaestt. Varr. p. 4 bemerkt, angehörende Bruchstück, ed. Durdr. p. 19, hat Isidor genommen aus Cassiodorus de artibus ac disciplinis liberalium litterarum ed. Migne t. II. p. 1168, A: Dialecticam vero et rhetoricam Varro in novem Disciplinarum libris tali similitudine definivit: Dialectica et rhetorica est quod in manu hominis pugnus astrictus et palma distensa: illa brevi oratione argumenta concludens, ista facundiae campos copioso sermone discurrens; illa verba contrahens, ista distendens. Der oft erwähnte Vergleich wurde auf den Stoiker Zeno zurückgeführt, s. Jahn in Cic. orat. 32, 113 und Wilmanns de Varr. libb. gramm. p. 18 adn. 2.

11. Isid. etym. XIV, 6, 18: Coos insula adjacens provinciae Atticae, in qua Hippocrates medicus natus est, quae ut Varro testis est, arte lanificii prima in ornamentum (Otto: in ornamento) feminarum inclaruit.

Ed. Durdr. p. 211, ed. Bip. p. 363, beide nicht ganz genau. Es ist hier dem Isidor widerfahren, was bei seiner Ausschreibemethode kaum zu verwundern, dass er, indem er die Inseln Coos und Ceos nicht auseinanderzuhalten vermag, das Verschiedenartigste vermischt, denn nur von der ersteren gilt, dass sie Geburtsinsel des Hippocrates ist, von der letzteren aber, dass sie bei Attika liegt. Es genügt hier zu bemerken, dass er, wie schon Salmasius erinnerte, fast wörtlich eine Stelle des Solinus, den er in der Schrift de natura rerum selbst citiert, nebst dem darin enthaltenen Irrthum abgeschrieben hat, s. Solinus polyhist. c. 7 (ed. Salm. p. 17, D.): Multae quidem insulae objacent Atticae continenti, sed suburbanae ferme sunt Salamis, Sunium, Ceos, Coos (so die codd., Salmas. p. 101: Coos, Ceos) quae ut Varro testis est subtilioris vestis amicula arte lanificae scientiae prima in ornatum feminarum dedit. Die Notiz über Hippocrates (auch etym. IV, 3, 2: Hippocrates .. genitus in insula Coo) ist sehr häufig, z. B. bei Plinius nat. hist. XXIX. §. 4: Hippocrates genitus in insula Coo ... traditur atque ut Varro apud nos credit .. instituisse medicinam hanc quae clinice vocatur. Solinus seinerseits schöpfte aus Plin. n. h. IV. §. 62: dein Ceos ... ex hac profectam delicatiorem feminis vestem auctor est Varro. (vgl. auch Plin n. h. XI. §. 76). Ueber die eigentliche Ansicht Varros und die angeführten Stellen des Plinius handelt trefflich Lachmann in Lucret. IV, 1130.

12. Isid. etym. XV, 1, 63: Cum Cyrus maritimas urbes Graeciae occuparet, et Phocaeenses ab eo expugnati omnibus angustiis premerentur, juraverunt, ut profugerent quam longissime ab imperio Persarum, ubi ne nomen quidem eorum audirent, atque ita in ultimos Galliae sinus navibus profecti, armisque se adversus Gallicam feritatem tuentes, Massiliam condiderunt, et ex nomine ducis nuncupaverunt. Hos Varro trilingues esse ait, quod et Graece loquantur et Latine et Gallice.

Das in den letzten Worten enthaltene varronische Bruchstück, ed. Durdr. p. 196, hat Isidor wohl nicht, wie ich in meiner Diss., Varronis de vita P. R. libb. IIII. q. ext. Hal. 1863. p. 18 irrthümlich angegeben habe, aus Hieronymus geschöpft, wiewohl bei diesem im comment. in epist. ad Galatas lib. II. prooem. cap. 3: Massiliam Phocaei condiderunt: quos ait Varro trilingues esse, quod et Graece loquantur et Latine et Gallice sich findet, sondern, wie aus der Uebereinstimmung auch der vorausgehenden Worte hervorgeht, aus Schol. Lucan. III, 339: Cum Cyrus maritimas urbes Graeciae occuparet, et Phocenses expugnati omnibus angustiis premerentur, juraverunt, ut profugerent quam longissime ab imperio Persarum, ubi ne nomen eorum quidem audirent. Atque ita in ultimos Galliae sinus navibus profecti, armisque se adversus Gallicam feritatem tuentes, Massiliam condiderunt, et ex nomine ducis nuncupaverunt. Hos Varro trilingues esse ait, eo quod Graece Latine et Gallice loquuntur. (Vgl. Justin. XLIII, 3.) wie er ja auch sonst öfter aus den schol. Lucan. schöpfte, worüber Weber in Lucan. tom. III. prolegom. p. V sq. Gewiss ist die Stelle aus den Antiqq. rer. hum. genommen, man vergl. besonders Hieron. in Genesim ed. 1684 t. III. p. 135, B.: Legamus Varronis de antiquitatibus libros .. et videbimus paene omnes insulas et totius orbis littora terrasque mari vicinas Graecis accolis occupatas, qui .. ab Amano et Tauro montibus omnia maritima loca usque ad oceanum possedere Britannicum; ob aber aus einem der libb. III—VII. (de hominibus), wie Krahner de Varr. antiq. libb. p. 17 meint, oder aus einem der libb. VIII—XIII. (de locis), wie es nach der letztgenannten Stelle des Hieron. scheinen kann, bleibt zweifelhaft; s. Ritschl Quaestt. Varr. p. 48.

13. Isid. etym. XV, 13, 6: Omnis autem ager, ut Varro docet, quadrifariam dividitur. Aut enim arvus est ager, id est sationalis, aut consitus (Ritschl Quaestt. Varr. p. 41: consitivus), id est aptus arboribus, aut pascuus, qui herbis tantum et animalibus vacat, aut floreus (Otto: florens, Ritschl: floridus), in quo sunt horti (R: orti) apibus congruentes et floribus. Quod etiam Virgilius in quatuor libris Georgicorum secutus est.

Man vergleiche hiermit Servius in Verg. Georg. I init.: Nam omnis terra, ut etiam Varro docet, quadrifariam dividitur. Aut enim arvus est ager i. e. sationalis: aut consitivus i. e. aptus arboribus: aut pascuus, qui herbis tantum et animalibus vacat: aut floridus, in quo sunt horti apibus congruentes et floribus. So lautet die Stelle bei Lion, eine genauere Uebereinstimmung mit Isidor ergiebt sich durch Kenntnissnahme von den Lesarten der Handschriften, welche mir Dr. G. Thilo gütigst mitgetheilt; die von ihm verglichenen codd. Vat. 3317 und Par. 7959 haben nämlich (ausser arbus uel arbuus im Vat.): consitus, dann der Par.: floreus, und der Vat.: orti abweichend von dem angeführten Text, im Leid. fehlt die Stelle. So würde es wohl nicht gerathen sein, das nun durch Servius gestützte consitus bei Isidor zu ändern. Auch in den schol. Bern. in h. l. findet sich: In his quattuor versibus quattuor agrorum sunt genera: quid faciat — arvus, vertere — consitus, conveniat — pascuus, sit pecori — florens. Dass Isidor lediglich die Serviusstelle ausgeschrieben, wird durch die letzten Worte quod etiam Virgilius .. secutus est nur noch bestätigt. Mit Unrecht hat Popma die ganze angeführte Stelle unter die Fragmente gesetzt, ed. Durdr. p. 209; die Einschiebung der

Worte ut etiam Varro docet beweist, dass sich diese nur auf omnis terra quadrifariam dividitur beziehen, das Folgende aber ist einfach aus den vier Vergilversen, wenn auch nicht dem Wortlaute nach, entnommen. Ritschl a. a. O. aber würde nicht an ein Buch der Disciplinae gedacht haben, wenn er berücksichtigt hätte, dass Isidor das Citat nicht aus Varro selbst entnahm. Man wird nicht irren, wenn man sagt, der Scholiast meine die Stelle Varro r. r. I, 5, 3: Agriculturae .. quatuor sunt partes summae, welche Eintheilung dann den folgenden Capiteln I, c. 6—37 zu Grunde liegt, obgleich von einer Viertheilung des ager genau genommen weder hier noch in den folgenden Capiteln noch in der Schrift de l. l. (s. V, 34—40) die Rede ist.

14. Isid. etym. XX, 10, 1: Ab igne colendo culinam antiqui appellaverunt focum. Focus, quia φῶς Graece, Latine ignis est, unde juxta philosophos quosdam cuncta procreantur. Et revera sine calore nihil nascitur: Sterili non quicquam frigore gigni. Varro autem focos ait dictos, quod foveant ignes, nam ignis ipsa flamma est: quicquid autem ignem fovet, focus vocatur, seu ara sit, sive quid aliud, in quo ignis fovetur.

Die Stelle darf nicht, wie von Popma geschehen, s. ed. Durd. p. 190, als selbständiges Bruchstück unter die fragm. incert. sed. gestellt werden, denn sie ist entlehnt aus Servius in V. Aen. III, 134: Sane Varro Rerum Divinarum (Merkel in Ovid. Fast. p. CXVIII: lib. V) refert, inter sacratas aras focos quoque sacrari solere, ... focum autem dictum a fovi, ut colinam ab eo quod ibi ignis colatur. auch bei Serv. in V. Aen. XI, 211: An quod focum dicat ubicumque ignis est et fovetur, unde et Varro focum dici vult. Den Schluss des §. hat er wörtlich genommen aus Serv. in V. Aen. XII, 118: Quicquid ignem fovet, focus vocatur, sive ara sit sive quid aliud in quo ignis fovetur. Hiermit sind zu verbinden die Stellen Paul. Fest. p. 85, 5 und Ovid. Fast. VI, 295: At focus a flammis et quod fovet omnia dictus. Die Etymologie von colina übrigens hat Varro auch vorgebracht in de vita P. R. I, fr. 26;*) und die von focus hat aus Isidor wiederum abgeschrieben Papias vocab. s. v. focus und s. v. Phocis, s. Mercklin, Philol. III. p. 554. S. auch Isid. de differ. verb. §. 307 (unten no. 32).

15. Isid. etym. XIV, 6, 36: Aeoliae insulae Siciliae appellatae ab Aeolo Hippotae filio, quem poetae finxerunt regem fuisse ventorum, sed ut Varro dicit, rector fuit istarum insularum, et quia ex earum nebulis et fumo futuros praedicebat flatus ventorum, ab imperitis visus est ventos sua potestate retinuisse.

Auch dies Bruchstück, ed. Durdr. p. 206, über dessen Stelle zu vgl. Ritschl Quaestt. Varr. p. 48, ist nur aus Servius in V. Aen. I, 52: Novem autem insulae, quae sunt post fretum Siciliae, appellantur Aeoliae ab Aeolo rege, Hippotae filio... Poetae quidem fingunt, hunc regem esse ventorum... Sed, ut Varro dicit, rex fuit insularum, ex quarum nebulis et fumo Vulcaniae insulae praedicens futura flabra ventorum, ab imperitis visus est ventos sua potestate retinere entnommen. Dem Servius verdanken das varronische Citat auch der Mythogr. II. Mai p. 103 und Mythogr. III. M. p. 182.

16. Isid. etym. VIII, 9, 11: Necromantii sunt, quorum praecantationibus videntur resuscitati mortui divinare et ad interrogata respondere. *Νεκρὸς* enim Graece mortuus, *μαντεία* divinatio nuncupatur; ad quos suscitandos cadaveri (Otto: cadaveris) sanguis adjicitur. Nam amare daemones sanguinem dicunt. Ideoque quotiens necromantia fit, cruor aqua miscetur, ut colore sanguinis facilius provocentur.

---

*) Die letzten Worte jenes Bruchstückes: Locupletiorum domus quam fuerint angustiis paupertinis coactae, ipsa nomina declarant weiss ich nicht besser zu erklären als durch Hinweis auf die casa Romuli, vgl. Dionys. Hal. I, 79: *βίος δ' αὐτοῖς ἦν βουκολικὸς καὶ δίαιτα αὐτουργὸς ἐν ὄρεσι τὰ πολλὰ πηξαμένοις διὰ ξύλων καὶ καλάμων σκηνὰς αὐτορόφους· ὧν ἔτι καὶ εἰς ἐμὲ ἦν τις τοῦ Παλλαντίου ἐπὶ τῆς πρὸς τὸν ἱππόδρομον στρεφούσης λαγόνος Ῥωμύλου λεγομένη, ἣν φυλάττουσιν ἱεράν* sqq. Ovid. Fast. III, 184. I, 199. Valer. Max. IV, 4, 11. Plutarch. Romul. c. 20.

§. 12. Hydromantii ab aqua dicti. Est enim hydromantia in aquae inspectione umbras daemonum evocare, et imagines, vel ludificationes eorum videre, ibique ab eis aliqua audire, ubi adhibito sanguine etiam inferos perhibentur sciscitari.

§. 13. Quod genus divinationis a Persis allatum. Varro dicit, divinationis quatuor esse genera, terram, aquam, aerem et ignem. Hinc geomantiam, hydromantiam, aeromantiam, pyromantiam dictam.

Das gesperrt Gedruckte ist entnommen aus Augustin. de Civ. D. VII, 35 in: hydromantian facere compulsus est, ut in aqua videret imagines deorum vel potius ludificationes daemonum, a quibus audiret, quid in sacris constituere atque observare deberet. Quod genus divinationis idem Varro a Persis dicit allatum, quo et ipsum Numam et postea Pythagoram philosophum usum fuisse commemorat; ubi adhibito sanguine etiam inferos perhibet sciscitari et νεκρομαντείαν Graece dicit vocari, quae sive hydromantia sive necromantia dicatur, id ipsum est, ubi videntur mortui divinare. Das Folgende aus Servius in V. Aen. III, 359: Varro autem quattuor genera divinationum dicit: terram, aërem, aquam, ignem: geomantis, aëromantis, pyromantis, hydromantis. wonach die Angabe in meiner Dissert. p. 18 zu berichtigen. Für §§. 11 und 12 schwebte ihm auch vor Serv. in V. Aen. VI, 149: Duo autem horum sacrorum genera fuisse dicuntur. Unum Necyomantiae, ... et aliud Sciomantiae, i. e. divinationis per umbras; σκιὰ enim umbra est, et μαντεία vaticinium. .. Sed secundum Lucanum in Necyomantia ad elevandum cadaver sanguis est necessarius: .. In Sciomantia vero, quia umbrae tantum est evocatio, sufficit solus interitus. Was den Anfang des §. 13 betrifft, so habe ich die Lesart der Handschriften angenommen, Arevalus zog die Worte Varro dicit noch zu dem ersten Satze und fügte hinter genera ein constat; diese Interpunction billigte, ohne indess constat einzuschieben, Otto, und zwar auf Grund der aus Augustin angeführten Stelle. Jedoch ist kein Grund zur Aenderung vorhanden; bis zu dem Worte allatum excerpiert Isidor den Augustin, dann aber den Servius, wobei allerdings zugegeben werden kann, dass die Anführung des Varro von Augustin die Veranlassung war, auf die Serviusstelle überzugehen. Den Isidor hat wieder ausgeschrieben Joannes Sarisber. Policrat. I, 11 (vgl. Oehler, Varr. sat. p. 13), Papias vocab. s. v. divinationis (vgl. Mercklin Philol. III. p. 554), und etwas freier Mythogr. III. M. p. 257 sq. (s. Merkel in Ovid. Fast. p. CXV). Wenn demnach Popma die Isidorstelle unter die Fragmente incert. sed. setzt, ed. Durd. p. 227, und Krahner Varr. Cur. p. 4 sie selbständig unter die Bruchstücke des Logistoricus Curio de cultu deorum aufnimmt, so haben Beide genau genommen nicht Recht; die Augustinstelle und was Isidor aus ihr genommen, sind gewiss aus dem Curio, wie Augustin selbst angiebt c. 34 und 35 (s. Krahner p. 3, auch ed. Durd. p. 50); ob die Serviusstelle, die jener dem Inhalte nach jedenfalls nicht unähnlich ist, nicht demselben Buche angehört, lässt sich schwer entscheiden; Merkel p. CXV setzt sie in Antiqq. rer. div. lib. III (de auguribus).

17. Isid. etym. IX, 2, 74: Pelasgi nominati, quia cum velis passis verno tempore advenisse Italiam visi sunt, ut aves. Primo enim eos Varro Italiam appulisse commemorat. Graeci vero Pelasgos a Pelasgo Jovis et Larissae filio perhibent dictos.

Wie auch sonst Manches in diesem Capitel aus Servius stammt, z. B. §. 73 aus Serv. in Aen. I, 242 und §. 75 aus Serv. in Aen. II, 7, so ist auch diese Stelle in den zwei ersten Drittheilen entnommen aus Serv. in Aen. VIII, 600: Pelasgos; de his varia est opinio. Nam alii eos ab Atheniensibus, alii a Laconibus, alii a Thessalis dicunt originem ducere, quod est propensius. Nam multas in Thessalia Pelasgorum constat esse civitates. Hi primi Italiam tenuisse perhibentur. Philochorus ait, ideo nominatos Pelasgos quod velis et verno tempore advenire visi sunt ut aves. Higinus dicit Pelasgos esse qui Tyrrheni sunt, hoc etiam Varro commemorat. wobei die unbedeutenden Abweichungen nicht Anstoss erregen können. Wiederum ein lehrreiches Beispiel für Isidors Nachlässigkeit im Excerpieren seiner Gewährsmänner; indem er den ihm zu langen Artikel des Servius ins Kurze zu ziehen wünschte, aber den Namen des bei den Kirchenvätern sich des grössten Ansehens erfreuenden Varro nicht aufgeben mochte, schob er diesem eine Ansicht unter, die demselben nach den Worten des Servius wenigstens nicht unmittelbar zuzuschreiben ist. Mit dem letzten Satze vgl. Serv. in Aen. I, 624: Pelasgi; a Pelasgo Joris et Larissae filio. Varros Ansicht von den Pelasgern giebt am ausführlichsten wieder Macrob. Sat. I, 7, 28, eine Stelle, die der servianischen verwandt ist, womit noch zu verbinden Macrob. Sat. I, 5, 1. Natürlich gehört die Servius- und die aus ihr verdorbene Isidorstelle den Fragmenten der Antiqq. rer. hum. an, vgl. Dionys. Hal. I, c. 17 sqq., Krahner de Varr. antiqq. p. 17 und Ritschl Quaestt. Varr. p. 48.

18. Isid. etym. XIV, 9, 2: Spiracula appellata omnia loca pestiferi spiritus, quae Graeci χαρώνεια appellant, vel Acherontea. Etiam Varro spiraculum dicit hujuscemodi locum, et spiracula ex eo dicuntur loca, qua terra spiritum edit.

Man vergleiche hiermit folgende Stellen: Servius in Aen. VII, 563: Hunc locum umbilicum Italiae Chorographi (al.: Cosmographi) dicunt. Est autem in latere Campaniae et Apuliae, ubi Hirpini sunt, et habet aquas sulphureas: ideo graviores, quia ambiuntur silvis. Ideo autem ibi aditus dicitur inferorum, quod gravis odor juxta accedentes necat: adeo ut victimae circa hunc locum non immolarentur, sed odore perirent ad aquam applicatae: et hoc erat genus litationis. Sciendum sane, Varronem enumerare quot loca in Italia sint hujusmodi. und Plinius nat. hist. II. §. 207: spiritus letales aliubi aut scrobibus emissi aut ipso loci situ mortiferi, aliubi volucribus tantum, ut Soracte vicino urbi tractu, aliubi praeter hominem ceteris animantibus, nonnumquam et homini, ut in Sinuessano agro et Puteolano spiracula vocant, alii Charonea, scrobis mortiferum spiritum exhalantis. (vgl. Seneca natur. quaestt. VI, 28 in.) und man wird es sehr wahrscheinlich finden, dass Isidor seinen Bericht aus jenen beiden zusammenschweisste (aus Serv. in Verg. ecl. X, 52: Spelaea ferarum; Graece ait pro speluncis nahm er auch die kurz vorhergehenden Worte σπήλαια Graece, spelunca Latine); zum Verständniss des Zusatzes vel Acherontea erinnere man sich, dass die Worte Charon und Acheron etymologisch mit einander in Verbindung gesetzt wurden, wie aus Serv. in Aen. VI, 299 (vgl. auch Serv. in Aen. VI, 107 und Schol. Lucan. III, 16) unzweifelhaft hervorgeht. Doch wäre es auch möglich, dass Isidor ein vollständigeres Scholion zu Verg. Aen. VII, 568 vor sich hatte, bei Serv. in h. l. findet sich jetzt: Spiracula Ditis; aditus, a spirando, quod ibi hostiae admotae concidant et moriantur. Sollte Jemand, eingedenk des Umstandes, dass die von Servius in Aen. VII, 563 init. angegebene Ansicht von der des Varro Reatinus ganz verschieden ist, s. Plin. n. h. III. §. 109 und Preller Ausgewählte Aufs. S. 256 ff., und mit Rüchsicht auf die Worte desselben: Cosmographi dicunt, geneigt sein, das varronische Citat am Schluss der Stelle auf den Varro Atacinus zu beziehen, so würde derselbe durch Plinius n. h. XXXI. §. 21, wo Varro (dort sicherlich der Reatinus) selbst einen der loca hujusmodi in Italia (den lacus Avernus) angiebt, und ibid. §. 27 u. öft., Solinus cp. 7 u. a. eines Besseren belehrt werden. Dagegen wird man nach dem oben Gesagten die Isidorstelle nicht mehr, wie von Popma geschehen, ed. Durdr. p. 190, als selbständiges varronisches Fragment gelten lassen dürfen. Ueber die Stelle des Citats bei Serv. l. l. handeln Krahner de Varr. antiqq. p. 22 und Ritschl Quaestt. Varr. p. 48.

19. Isid. etym. XIV, 8, 33: Amoena loca Varro (Arevalus: Verrius Flaccus) dicta ait, eo quod solum amorem praestent, et ad se amanda alliciant. Verrius Flaccus (Arev.: Varro), quod sine munere sunt, nec quidquam in his officii (Lindemann in Fest. p. 298: officiat), quasi amunia, hoc est sine fructu, unde nullus fructus exsolvitur. Inde etiam nihil praestantes immunes vocantur.

Ed. Durdr. p. 190. Man nehme noch folgende Stellen hinzu: Servius in Aen. VI, 638: Amoena autem quae solum amorem praestant: vel, ut supra diximus, quasi amunia, hoc est sine fructu, ut Varro et Carminius docent. ferner Serv. in Aen. V, 734: Amoena sunt loca solius voluptatis plena: quasi amunia, unde nullus fructus exsolvitur: unde etiam nihil praestantes immunes vocamus. endlich Paul. Fest. p. 2, 9: Amoena dicta sunt loca, quae ad se amanda alliciant, id est trahant. O. Müller adnot. in h. l. und p. XV. nimmt nun an, Festus habe beide Etyma neben einander aufgeführt, Paulus aber habe nur das erstere als das ihm wahrscheinlicher dünkende hingestellt, und dem Verrius folge auch Serv. in Aen. VI. v. l. Allerdings ist es sehr wahrscheinlich, dass bei Festus beide Etyma standen, indessen erscheint es doch gewagt, auf die Autorität eines Compilators hin, wie Isidor ist, dem Paulus eine Ungenauigkeit vorzuwerfen; mit demselben Rechte werden wir dies mit Isidor selbst thun, ohne auch genöthigt zu sein, mit Arevalus die Schuld von ihm auf seine Abschreiber zu wälzen. Wie dem auch sei, es genügt hier, darauf hinzuweisen, dass das varronische Citat des Isidor auf Servius zurückzugehen scheint, denn Isidor konnte recht wohl das ut Varro.. docent nicht auf den letzten Theil, sondern auf den ersten beziehen, vgl. oben no. 17; oder, um mich noch vorsichtiger auszudrücken, deutliche Spuren machen es glaublich, dass Isidor die Bemerkung über Varro nicht diesem Autor selbst sondern einem spätern Schriftsteller verdankte. Denn auch das könnte man annehmen, die Isidorstelle sei aus Servius und Festus — dass Isidor diesen (den Verrius Flaccus doch wohl ebenso wenig wie den Varro) benutzt hat, scheinen Müller in Fest. p. XV. und Kretzschmer de Gellii fontibus I. p. 70 nicht ohne Grund zu behaupten — conglutiniert, oder sagen, Isidor schöpfe nur aus Festus, oder endlich, er habe einen vollständigeren Vergilcommentator, als wir jetzt besitzen, benutzt. Jede dieser Annahmen hat wohl gleich viel oder wenig für sich, die Entscheidung ist aber hier von geringer Bedeutung.

20. Isid. etym. VIII, 7, 3: Vates a vi mentis appellatos Varro auctor est, vel a viendis carminibus, id est flecten-

dis, hoc est modulandis: et proinde poetae Latine vates olim, et scripta eorum vaticinia dicebantur, quod vi quadam et quasi vesania in scribendo commoverentur, vel quod modis verba connecterent. Viere enim antiqui pro vincire ponebant. Etiam per furorem divini eodem erant nomine, quia et ipsi quoque pleraque versibus efferebant.

Das Fragment wird ohne Nennung des Namens Varro wiederholt etym. VII, 12, 15: vates a vi mentis appellatus. Von Popma, ed. Durd. p. 189, wird die Stelle vates .. flectendis seu modulandis einfach unter die Fragmente inc. sed. gesetzt; vergleicht man aber Varro de l. l. VII, 36: Antiquos poëtas vates appellabant a versibus viendis, ut de poëmatis cum scribam, ostendam (so Spengel und Müller), so wird man Müller in l. l. Recht geben, welcher vermuthet, Varro habe in jener Schrift de poëmatis die Ableitung vates a vi mentis vorgebracht. Liegt nun kein zwingender Grund vor, die Auctorität Varros in obiger Stelle Isidors auch auf das Folgende zu beziehen, so könnte eine Verweisung auf Servius in Aen. III, 443: quia vates a vi mentis appellatos Varro auctor est, als auf seine Quelle genügen; indessen scheint er sich hier die Sache bequemer gemacht und das Ganze aus Sueton abgeschrieben zu haben. Ganz richtig bemerkt nämlich Reifferscheid Sueton. p. 370, dass er das auf auctor est Folgende aus Sueton entnommen habe,*) nur wird man nicht mit ihm annehmen dürfen, Isidor habe ausser der servianischen auch noch die Stelle aus Varro de l. l. mit in seinen Bericht verwoben. Wenn

*) Auch Dörgens, Suetons Lebensbeschreibungen (Lpz. 1863) p. 19 meint, Isidor. VIII cap. 7 stamme ganz aus Sueton, wiewohl er diesen §. 3 nicht mit unter die Fragmente (pag. 84) aufgenommen hat. Beiläufig bemerkt begreife ich nicht, wie sich dieser Gelehrte p. 119 darüber wundern kann, dass der von Sueton. de grammat. c. 16 erwähnte libertus Attici equitis Romani nicht T. Pomponius Epirota sondern Q. Caecilius Epirota hiess, da ihm doch bekannt sein musste, dass Atticus von seinem Oheim mütterlicher Seite Q. Caecilius adoptiert worden ist, s. Cornel Nep. vit. Attic. c. 5, Schreider in Varr. r. r. II, 2, 1.

Isidor wirklich die Anfangsworte aus Servius hinzugesetzt hat, was mir nicht wahrscheinlich ist, dasjenige, was im Folgenden mit Varro de l. l. übereinstimmt, hat er gewiss nicht hieraus sondern aus Sueton entlehnt.

21. Isid. etym. X, 186: Nihili compositum est ex ne et hilo.*) Hilum autem Varro ait significare medullam ejus ferulae, quam Graeci asphodelon vocant: et sic dici apud nos nihilum, quomodo apud Graecos *οὐδὲ γρῦ*.

Isid. etym. XVII, 9, 95: Ferula dicta a medulla. Nam illam (vulg.: ilum) Varro tradit esse ferulae medullam, quam *ἀπόδερον* (vulg.: appodelon) Graeci vocant. Nonnulli a feriendo ferulam dicunt. Hac enim pueri et puellae vapulare solent: hujus succus galbanum est.

Dass diese beiden Stellen nothwendig zusammengehören, sah schon Popma, ed. Durdr. p. 193 (wo für *οὐδέ*: *οὐδέν* steht). Die Worte, die dem Isidor als varronisch vorlagen, waren, wie man aus der ersten Stelle sieht: Hilum est medulla ejus ferulae, quam Graeci *ἀσφόδελον* vocant: et sic dicitur apud nos nihilum, quomodo apud Graecos *οὐδὲ γρῦ*. und es kann nicht zweifelhaft sein, dass sich hierauf lediglich auch die andere Stelle bezieht, wiewohl hier die Verwendung derselben nicht eben passend ist. Man sieht aber auch, dass das ilum der vulg. oder illum richtig ist und durchaus nicht mit Arev. und Otto in illam geändert werden darf; man vergl. Gloss. Labb.: Illum, *νάρθηκος τὸ ἐντός;* ferner ist offenbar apoderon bei Arev. und Otto, oder appodelon in der vulg. zu ändern in das ganz ähnliche *ἀσφόδελον;* dann kann man aus dieser zweiten Stelle der ersten ganz entsprechend eliminieren: Ilum est ferulae medulla, quam *ἀσφόθελον* Graeci vocant. Zu den letzten Worten der zweiten Stelle vgl. Plin. n. h. XII. §. 126. Woher aber Isidor die Worte genommen, — denn dass er sie aus Varro selbst ausgezogen habe, ist nach der grossen Anzahl

---

*) Dass ex ne et hilo das Richtige ist (Otto: ex nil et hilo), beweist auch Varro de l. l. IX, 54: quod est ex ne et hili; quare dictus est nihili qui non hili erat, vgl. de l. l. X, 81.

der bisher angeführten Fälle, an denen das Gegentheil sich fast immer noch bestimmt nachweisen liess, nicht wohl anzunehmen, — ist mir nicht möglich gewesen, ausfindig zu machen, wenn man nicht vielleicht glauben will, sie seien aus dem nicht mehr erhaltenen Artikel des Festus unter hilum, zu welchem ausser den Worten des Paul. Fest. p. 101, 8: Hilum putant esse, quod grano fabae adhaeret, ex quo nihil et nihilum, nach Müllers sehr wahrscheinlicher Vermuthung auch das gehörte, was derselbe p. 175, 3: Nihili, qui nec hili quidem est beibringt, geflossen; wie man denn auch einige andere Artikel in demselben zehnten Buche des Isidor auf denselben Gewährsmann zurückführen könnte, man vgl. §. 185. Nemo mit Fest. p. 162[b], 1; §. 193 Negligens mit Fest. 162[b], 12. Doch können sie auch ebenso gut aus irgend einem Scholiasten herrühren; hierauf Bezügliches findet sich nicht selten, z. B. Arusianus Messius p. 249 Lind.: Nihilum vetuste. Id est vel modicum. Nihilum enim antiqui vocaverunt ipsius quiddam exiguitatis minimum. Nonius p. 121, 3: Hilum, breve quoddam. Von varronischen Stellen gehört hierher ausser de l. l. V, 111. und den genannten derselben Schrift noch besonders Varro rer. hum. bei Charisius p. 102, 14 K.: Nihil si dicas, quantitatem notas; si vero nihili adjuncta i, hominis mores. cujus nominis origo haec est: hilum Varro rerum humanarum intestinum dicit tenuissimum, quod alii hillum appellaverunt, ut intellegeretur intestinum propter similitudinem generis. unde antiqui creberrime dempta littera hilum quoque dixerunt; unde intellegimus nihil sine adspiratione vitiose dici. Ob sich Varro an dieser Stelle weiter über das Wort hilum verbreitete, und die von Isidor gemeinten Worte sich deshalb auch auf jene beziehen können, muss unentschieden bleiben.

22. Isid. etym. XIII, 18, 2: Fretum autem appellatum, quod ibi semper mare ferveat. Nam fretum est angustum et quasi fervens mare, ab undarum fervore nominatum, ut Gaditanum vel Siculum. Nam freta dicta Varro ait, quasi fervida id est ferventia et motum fervoris habentia.

Popma hat die Stelle nicht unter die Fragmente aufgenommen, betrachtet sie also jedenfalls als identisch mit Varro de l. l. VII, 22: Dictum fretum a similitudine ferventis aquae, quod in fretum saepe concurrat aestus atque effervescat, und Arevalus in h. l. giebt dies ausdrücklich an.*) Die Worte nun Nam fretum... Siculum stammen aus des Suetonius Pratum de naturis rerum, woraus Isid. de nat. rer. c. 44 p. 72 ed. Becker: In Pratis Tranquillus sic adserit dicens:... Fretum angustum quasi fervens mare ut Siculum et Gaditanum sie selbst anführt, s. Reifferscheid Sueton. p. 242, oder sind vielleicht aus der Schrift de nat. rer. hieher übertragen, s. Becker p. XXIII. Die Worte ab undarum fervore nominatum können Zusatz des Isidor selbst sein, denn sie enthalten Nichts Neues; oder sie können auch bei Sueton selbst gestanden haben; denn dass Isidor den Sueton im liber de nat. rer. nicht immer ganz vollständig ausgeschrieben hat, zeigt Becker p. XVI. sq. an einem Beispiele. Und so würde auch für das varronische Citat, für welches der Fundort allerdings nicht mehr genau nachweisbar, dieselbe Quelle nicht ohne einige Wahrscheinlichkeit angenommen werden dürfen; doch könnte man auch mit Rücksicht auf Servius in Aen. I, 557: Freta autem, quia freto a Sicilia dividitur Italia. Sane quidam a fervore dici putant. und Serv. in ecl. I, 61: Freta; maria, a fervore dicta wiederum an einen einst vollständigeren Vergilcom-

---

*) Ihm folgt Otto, der sich nicht einmal die Mühe gegeben hat, die Angabe des Arev.: de l. l. VI. c. 2 umzuändern in lib. VII. c. 2, was er doch seit Spengels Ausgabe wissen musste. Nur zu oft wird man bei der Seltenheit der Ausgabe des Arevalus und bei der so vielfachen Benutzung der Etymologiae des Isidor daran erinnert, wie sehr die Arbeit Ottos einen Rückschritt in der Kritik jenes Schriftstellers bezeichnet. Dass der Text des Arev. dem von Otto gegebenen bei Weitem vorzuziehen, ist von Andern oft bemerkt und wird am deutlichsten durch eine Vergleichung der von Halm in die Rhetores lat. min. aufgenommenen Capitel des lib. II, in welchen methodisch gute Ms. benutzt sind, mit den Texten der früheren Herausgeber.

mentar denken. Für die folgenden §§. siehe besonders Sallust. hist. fg. ed. Kritz IV, 35—37 (Dietsch IV, 20—22).

23. Isid. etym. IV, 11, 5: Pila a pinsendis seminibus, id est terendis. Hinc et pigmenta, eo quod in pila et pilo aguntur quasi pilagmenta. Est enim pila vas concavum et medicorum aptum usui, in qua proprie ptisanae fieri (var. lect.: feriri) et pigmenta concidi (Ritschl Quaestt. Varr. p. 18: confici) solent.

§. 6: Varro autem refert, Pilumnum quendam in Italia fuisse, qui pinsendis praefuit arvis (codd. Lucan. et Florent. ap. Arev. t. III. p. 567, prob. Ritschl: pinsendi praebuit artem), unde et pilumni et pistores (R: unde et Pilumni cultores pistores). Ab hoc ergo pilum et pilam (R: pila) inventa, quibus far pinsitur, et ex ejus nomine ita appellata. Pilum autem est, unde contunditur, quidquid in pilam mittitur.

Für die zweite Hälfte des §. 5. war die Quelle Hieronymus comment. in Sophon. cap. 1 (ed. 1684. tom. VI. p. 169, E): Pila .. non per brevem syllabam primam legenda est, ne σφαῖραν putemus, sed productam, ut de pila sciamus dici, in qua frumenta tunduntur, vas concavum et medicorum aptum usui, in quo propriae (leg.: proprie) ptisanae feriri solent. Im Folgenden scheint Servius die Quelle gewesen zu sein; man vgl. besonders Serv. in Aen. IX, 4: Pilumnus et Picumnus fratres fuerunt et dii, horum Picumnus usum stercorandorum invenit agrorum; unde et Sterquilinius dictus est, Pilumnus vero pinsendi frumenti, unde et a pistoribus colitur. Ab ipso etiam pilum dictum est. (Was hierauf bei Lion in eckigen Klammern folgt, fehlt in den von Dr. Thilo verglichenen Mss. und wird von ihm als vermuthliches Einschiebsel bezeichnet). womit zu verbinden Serv. in Aen. X, 76: Varro Pilumnum et Picumnum infantium deos esse ait, ... Piso Pilumnum dictum quia pellat mala infantiae, sed Pilumnus idem Stercutus, ut quidam dicunt, qui propter pilum inventum, quo fruges confici solent, ita appellatus est. und Serv. in Georg. I, 267: pinsere quod significat pilo tundere, quia et vulgo cavatum saxum pilum dicimus. Andere Stellen, die hier noch in Betracht kommen könnten, sind Varro de l. l. V, 138. Plinius n. h. XVIII. §. 10. und bei Preller Röm. Mythol. p. 331 f. Sei es nun dass Isidor die obigen Stellen in etwas freierer Weise unter einander verband, sei es dass er eine vollständigere, vielleicht auch dem Hieronymus vorliegende Quelle vor Augen hatte; die Annahme, er habe eine Stelle des Varro selbst — der Disciplinarum libb., wie Ritschl l. l. meint (derselbe erinnert auch an de vita P. R. mit Verweisung auf fr. II, 18, eher könnte man wohl noch fr. I, 35 vergleichen) — benutzt, hat um so weniger Wahrscheinlichkeit für sich, je nothwendiger des Sinnes wegen Ritschls angegebene Aenderungen an der Isidorstelle sind.

24. Isid. etym. IV, 8, 13: Icteris graece appellatur a cujusdam animalis nomine, quod sit coloris fellis. Hunc morbum Latini arquatum appellant ad similitudinem caelestis arcus. Auruginem vero Varro appellari ait a colore auri. Regium autem morbum inde aestimant dictum, quod vino bono et regalibus cibis facilius curetur.

Mit dem Schlusse dieses §. lässt sich nur dem Sinne, nicht den Worten nach, vergleichen Celsus de medicina III, 24 extr.: Per omne vero tempus utendum est . . . lecto etiam et conclavi cultiore, lusu, joco, ludis, lascivia, per quae mens exhilaretur: ob quae regius morbus dictus videtur, sowie zu den Worten hunc morbum sqq. schon Arev. Nonius p. 425, 3 (auch p. 35, 12 ist nicht unähnlich) angezogen hat, ferner Grialius die Stelle Hieronym. comment. lib. II. in Amos cp. IV. (ed. 1684. tom. VI. p. 70, F.): יֵרָקוֹן id est auruginem omnes ἴκτερον similiter transtulerunt. Man vgl. noch Cael. Aurelian. morb. chron. III, 4 extr. p. 456 ed. Almel.: arquatus, sive aurigo, quam Graeci icteron vocant, und c. 5 init.: De aurigine, sive arquato morbo, quem vulgo morbum regium vocant, Graeci ἰκτερὸν appellant. Passio vocabulum sumpsit secundum Graecos ab animalis nomine, quod sit coloris fellei. und Scribon. Larg. compos. medic. 110. 127. Nun bringt zwar Plinius bei Erwähnung derselben Krankheit ebenfalls eine Stelle aus Varro bei, nat. hist. XXII. §. 114: Varro regium cognominatum arquatorum morbum tradit, quoniam mulso curetur, diese ist aber von den dort jenem zugeschriebenen Worten verschieden. Woher Isidor dies Bruckstück, ed. Durdr. p. 192, entnommen, kann nicht mehr nachgewiesen werden, schwerlich aber wird man annehmen wollen, dass er es aus Varro selbst ausgezogen habe, obgleich Ritschl Quaestt. Varr. p. 18 meint, er schöpfe aus des Varro Disciplinarum libb., eben worauf er auch p. 52 die plinianische Stelle bezieht. Aus Isidor hat die Stelle ausgeschrieben Papias voc. s. v. Ictericos, s. Mercklin Philol. III. p. 554.

25. Isid. etym. I, 38, 1: Prosa est producta oratio et a lege metri soluta. Prosum enim antiqui productum dicebant et rectum. Unde ait Varro, apud Plautum prosis lectis significare rectis: unde etiam quae non est perflexa (v. l.: perplexa) numero, sed recta, prosa oratio dicitur, in rectum producendo. Alii prosam ajunt dictam ab eo, quod sit profusa, vel ab eo, quod spatiosius proruat et excurrat, nullo sibi termino praefinito.

Weder finden sich die dem Plautus hier zugeschriebenen Worte prosis lectis in einer der erhaltenen Komödien dieses Dichters, noch auch ist sonst eine Notiz darüber aufbehalten, dass Varro über sie gehandelt habe, obgleich nicht gezweifelt werden kann, dass die ihm hier zugeschriebene Ansicht ihm auch wirklich angehört, vgl. u. a. Varro bei Gell. XVI, 16, 4: Prorsa .. a directi .. partus et potestate et nomine. Ueber das Wort prosus s. insbesondere C. L. Schneider lat. Grammat. I. p. 471, und über das Adverbium prorsus oder prorsum Hildebrand in Arnob. II, 5. Da auch die Stellen Paul. Fest. p. 223, 4: Prorsum ponebant pro recto und Fest. p. 234[b], 21: Prorsus porro vorsus, nisi forte ex Graeco πρό. Cato sqq. keinen Anhalt für die Auffindung der Quelle des varronischen Citates darbieten, so könnte man mit Rücksicht auf das zu no. 20 über die Entlehnung von Isid. etym. VIII, 7 aus Sueton Gesagte auch dies Capitel aus jenem Schriftsteller herleiten, in dessen Büchern de viris illustribus doch wohl ebenso gut über Namen und Ursprung der prosa oratio gehandelt war, wie wir dies von den origines der Poesie noch ausdrücklich wissen.

- 26. Isid. etym. XX, 11, 9: Sedes dictae, quod apud veteres Romanos non erat usus accumbendi (Marquardt Handb. d. röm. Alterth. V. 1 p. 308 Anm. 1907: accubandi), unde et considere dicebantur. Postea, ut Varro ait de vita populi Romani, viri discumbere coeperunt, mulieres sedere, quia turpis visus est in muliere accubitus. Sedes singulari numero proprie regni est, qui graece θρόνος. Subsellia vero ceterorum, cathedrae doctorum.

Dies Fragment war von Popma unter die fragm. incert. libr. de vita P. R. aufgenommen, s. ed. Durdr. p. 68 (irrthümlich als aus Serv. in Virgil. stammend angegeben), ich habe es wegen der zahlreichen Bruchstücke ähnlichen Inhaltes, die ausdrücklich aus dem ersten Buche citiert werden, namentlich fr. I, 27, diesem lib. I. zugewiesen, fr. 28, und daselbst das Nöthigste bemerkt, vgl. auch ebendas. p. 17. Man betrachte nun zunächst Serv. in Aen. VII, 176: Majores enim nostri sedentes epulabantur, quem morem habuerunt a Laconibus et Cretensibus: ut Varro docet in libris de gente populi Romani: in quibus dicit quid a quaque traxerint gente per imitationem. und die offenbar derselben Quelle entstammenden Stellen Serv. in Aen. I, 79: Sane epulis accumbere secundum temporis (füge hinzu sui) consuetudinem dixit: nam olim sedentes vescebantur. Serv. in Aen. I, 214: Sane juxta temporis sui morem hoc loco discumbentes inducit, nam olim sedentes vesci consueverant. Serv. in Aen. I, 708: Discumbere autem juxta consuetudinem suorum temporum dixit, quia olim sedentes vescebantur. und Serv. in Aen. VIII, 176: quamvis apud veteres omnes sedentes vescerentur. Da nun allerdings eine Zusammengehörigkeit des Inhaltes dieses von Servius aufbehaltenen varronischen Bruckstückes mit jenem bei Isidor stehenden nicht verkannt werden kann, und da die bei Servius stehenden Worte überhaupt, namentlich aber der Zusatz in quibus dicit quid a quaque traxerint gente per imitationem viel weniger auf die Bücher de gente P. R. als auf die de vita P. R. zu passen schienen, so kann man sich nicht darüber wundern, dass viele Gelehrte bei Servius: de vita populi Romani schreiben wollten. Indessen hat hiergegen Mercklin mit Recht geltend gemacht, dass die beiden Stellen durchaus nicht identisch sind (auch Haupt ind. lectt. Berol. hib. 1862/63. p. 9 ändert Nichts); und es wird unten hoffentlich klar werden, dass eine Bemerkung über die Mahlzeiten der alten Römer dem dritten oder vierten Buche de gente P. R. durchaus nicht fremd ist, sowie dass die Vergleichung der Sitte anderer Völker ebenfalls nicht mit den Excerpten des Augustin aus dieser Schrift streitet. Andrerseits ist es aber aus denselben Gründen nicht erlaubt, den Isidor nach der Serviusstelle zu emendieren. Zwar stammen auch andere §§. dieses Capitels des Isidor aus Servius, so §. 10 (Serv. in Aen. I, 506 und in Aen. VII, 169, wo in einem vollständigeren Exemplar gewiss auch die Worte et subsellia quasi subseddia standen; vgl. auch Serv. in ecl. I, 2), ferner die zweite Hälfte von §. 5 (Serv. in Aen. VI, 603), §. 6 (Serv. in ecl. IV, 23), §. 7 (Serv. in Aen. XI, 64 und VI, 222, aber capulus wird an diesen Stellen anders erklärt); aber es bleibt noch Manches übrig, welches auf einen andern guten Gewährsmann zurückgehen muss; ich glaube nicht fehlgegriffen zu haben, wenn ich a. a. O. den Sueton als diesen bezeichnet habe, denn ihm verdankt Isidor ja auch ziemlich viel gerade über das Privatleben, z. B. im lib. XIX., s. Reifferscheid Sueton. p. 269 und p. 454. Die letzten Worte bei Isidor: Subsellia vero sqq. begegnen nicht selten, vgl. z. B. Hieronym. comment. in Matthae. lib. IV. cap. 23 (ed. 1684. t. IX. p. 55, G.) und Cassiodor. in psalm. I. (ed. Migne t. II. p. 28, D.). Dasselbe varronische Bruchstück wiederholt Isidor de differ. verb. §. 524, s. no. 35.

Ich schliesse der Vollständigkeit wegen die Stellen an, an denen der Name dieses Varro noch erwähnt wird:

27. Isid. etym. XVII, 1, 1: Rerum rusticarum scribendi solertiam apud Graecos primus Hesiodus Boeotius humanis studiis contulit, deinde Democritus. Mago quoque

Carthaginensis in XXVIII voluminibus studium agricolationis conscripsit. Apud Romanos autem de agricultura primus Cato instituit, quam deinde Marcus Terentius expolivit, mox Virgilius laude carminum extulit. Nec minus studium habuerunt postmodum Cornelius Celsus et Julius Atticus, Aemilianus, sive Columella, insignis orator, qui totum corpus ejusdem disciplinae complexus est.

Die ganze Stelle ist von Isidor in etwas freierer Weise, als er so oft zu thun pflegt, ausgezogen aus Columella r. r. I, 1, 7—14; hinzugefügt hat er selbst nur den Namen Aemilianus, welchen Schneider Scriptt. R. R. III. 1. p. V. mit Hinweisung auf Isid. etym. XVII, 10, 8 richtig für den Palladius erklärt hat, und Columella; sogar die letzten Worte hat er wiederum dem Columella entnommen, aber auf diesen selbst übertragen, während jener sie vom Celsus gebraucht hatte, s. Colum. l. l. §. 14 quippe Cornelius totum corpus disciplinae quinque libris complexus est.*)

28. Isid. etym. VI, 7, 1: Marcus Terentius Varro apud Latinos innumerabiles libros scripsit. Apud Graecos quoque Chalcenterus miris attollitur laudibus: quod tantos libros ediderit, quantos quisque nostrum alienos scribere propria manu vix possit.

Dem Isidor verdankt diese Notiz wieder, wie Chappuis sentences de Varron p. 118 anmerkt, Vincentius Bellovac., Specul. doctrin. II, 42. Isidor aber entnimmt sie dem Hieronymus selbst, Hieronym. epist. ad Paulam (catal. libb. a Varr. atque Origene scriptt.): Marcum Terentium Varronem miratur antiquitas, quod apud Latinos innumerabiles libros scripserit. Graeci Chalcenterum miris efferunt laudibus quod tantos libros composuerit, quantos quivis nostrum alienos sua manu describere non potest, nicht erst dem Rufinus, der jene Stelle citiert apolog. II, 20, wie Reifferscheid Sueton. p. 130 anzunehmen scheint, denn aus

*) Des folgenden §. 2 Quelle ist Augustin. d. C. D. XVIII, 6 extr. und Servius in Georg. I, 19 und I, 147; §. 3 ist im ersten Theile aus Lactant. inst. div. I, 20, 36, der zweite scheint aus August. d. C. D. XVIII, 15 zu stammen.

jenem entlehnt er auch einen grossen Theil der übrigen dort vorgebrachten Angaben.

29. Isid. etym. VI, 5, 1: Romam primus librorum copiam advexit Aemilius Paulus, Perse Macedonum rege devicto: deinde Lucullus e Pontica praeda. Post hos Caesar dedit Marco Varroni negotium quam maximae bibliothecae construendae.

Zwar findet sich folgende sehr ähnliche Bemerkung bei Suetonius vit. Jul. Caes. c. 44: (destinabat) . . . bibliothecas Graecas Latinasque quas maximas posset publicare, data M. Varroni cura comparandarum ac digerendarum. welche Stelle Schneider Varr. vit. p. 223 entgieng; jedoch ist sie nicht als Quelle der isidorischen zu betrachten, vielmehr ist diese selbst mit vollem Rechte von Reifferscheid Sueton. p. 130 unter die Fragmente der Schrift des Sueton de viris illustribus gesetzt worden, s. desselb. Begründung p. 420. Diese Stelle sowie die unter n. 28 angegebene hat dem Isidor entlehnt Petrus Diaconus in der Vorrede seiner Schrift notae litterarum more vetusto, s. Gramm. lat. K. IV. p. 333.*)

Aus der Zusammenstellung dieser zahlreichen Stellen, an denen der Name des Varro Reatinus in den Etymologiae des Isidorus erwähnt wird, deren Mehrzahl mit der grössten Sicherheit als nicht aus dieses Gelehrten Werken selbst sondern aus anderen späteren Schriftstellern gezogen nachgewiesen ist, während der Rest fast ausnahmslos wenigstens mit mehr oder weniger grosser Wahrscheinlichkeit als ebenfalls erst aus einer abgeleiteten Quelle stammend angesehen werden konnte, hieraus würde doch zunächst nur folgen, dass des Varro Schriften sich nicht mit unter denjenigen befunden haben, aus welchen Isidor in den oben (p. 3) erwähn-

*) Mommsen hat dem Texte des Petrus Diaconus die von diesem ausgeschriebenen Stellen des Isidor beigeschrieben, nur die Worte p. 333, 15: qui tam multa scripsit, quam multa vix quisdam legere posset; tam multa legit, ut aliquid ei scribere vacavisse nobilitas Romana miretur. können nicht aus Isid. etym. VI, 7, 1. 3 genommen sein; sie stehen vielmehr genau ebenso bei Augustin. d. C. D. VI, 2 med.

ten Worten sein encyclopädisches Werk zusammengetragen zu haben bekennt; jedoch muss dies bei der grossen Brauchbarbeit vieler Werke des Varro gerade für den Zweck der Etymologiae schon den Verdacht erwecken, dass dieselben dem sechs Jahrhunderte später lebenden Kirchenvater gar nicht mehr zu Gebote gestanden haben. Doch prüfen wir erst die Erwähnungen Varros in den übrigen Schriften Isidors, nämlich in dem liber de natura rerum, und de differentiis verborum.*)

30. Isid. de nat. rer. c. 38, 2: Item Varro dicit signum esse tempestatis, dum de parte aquilonis fulget et dum (Reiffersch.: cum) de parte euri intonat.

Nicht nur der §. 1. des Cap. 38, wo Isidor den Suetonius Prator. lib. IX. als Gewährsmann nennt, sondern das ganze Capitel stammt aus Sueton und ist von Reifferscheid p. 235 unter dessen Fragmente aufgenommen; vgl. auch Becker zu Isid. de nat. rer. p. XVI.

31. Isid. de nat. rer. c. 38, 4. 5: Item Varro ait: Si exoriens (sol) concavus videbitur ita ut in medio fulgeat et radios faciat partim ad austrum partim ad aquilonem, tempestatem umidam et ventosam fore significat. Item idem: Si sol — inquit — rubeat in occasu, sinceris dies erit; si palleat, tempestates (Reiff.: tempestatem) significat.

Ebenfalls, wie zu n. 30 bemerkt, aus Sueton, ed. Reiff. p. 237. Beide Stellen finden sich auch beim Schol. German. p. 108; über den Inhalt vgl. jetzt Wachsmuth zu Lydus de ostent. p. XXVII.

---

*) In den Glossae Isidori bei Arev. t. VII, p. 443 sqq., die eine besondere Stellung für sich beanspruchen, wird Varro citiert: n. 1315: Prolicere, emanare, effluere. Varro: Demum ubi prolicuit dulcis unda (Arev.: proliquere . . proliquit, vgl. Corssen Krit. Beitr. S. 423), welches ich für ein Fragment des Atacinus halten möchte; und n. 1606: Venitia (Ar. richtig: Venilia), maris exaestuatio, quae ad litus venit. Varro: Venitia (l.: Venilia), unda quae ad litus venit. Salatia (l.: Salacia), quae ad mare redit, welches erst aus August. d. C. D. VII, 22: Venilia, inquit (scil. Varro), unda est, quae ad litus venit; Salacia, quae in salum redit. (vgl. Serv. in Aen. X, 76 und schol. Veron. in h. l.) zu stammen scheint.

32. Isid. de different. verb. §. 307 (vol. V, p. 41 Arev.): Inter ignem et focum: ignis ipsa flamma est: focus vero fomes ac nutrimentum ignis. Nam Varro, focus, ait, (var. lect.: autem), dictus quod foveat ignem. Focus ergo dictus a fotu.

Identisch mit Isid. etym. XX, 10, 1, s. oben n. 14, und entweder erst hieraus ins Kurze gezogen oder auch unmittelbar aus Servius genommen. (Vgl. noch Non. p. 9, 33: Focula dicta sunt nutrimenta).

33. Isid. de diff. verb. §. 423: Inter profanum et nefandum et nefarium: nefarius, ut Varro existimat, non dignus farre. Quo primo cibi genere vita hominum sustentabatur. Nefandus id est nec nominandus quidem. Profanus autem, cui sacris non licet interesse. De quo Sallustius: Sacra polluet profanus. Profanus ergo porro id est longe a fano.

Der erste Theil ist herübergenommen aus etym. X, 189: Nefarius non dignus farre quo primo cibi genere vita hominum sustinebatur. Alias nefarius... Nefandus id est ne nominandus quidem. Der zweite aus etym. X, 225: Profanus quasi porro a fano. Sacris enim illi non licet interesse. Hierzu hat er aus Nonius p. 59, 5, den er auch sonst öfter in dieser Schrift benutzt (vgl. Isid. l. l. §. 54 mit Non. p. 426, 27; Is. §. 396 mit Non. p. 351, 20; Is. §. 427 mit Non. p. 432, 32), das Citat ut Varro existimat eingeschoben; diese Stelle war also zu Varro de vita P. R. I, fr. 29 hinzuzufügen. Noch s. Pseudo-Asconius in Cicer. in Verr. act. II, lib. I, §. 60 ed. Baiter p. 157, 7. Die aus Sallust angeführten Worte scheinen corrumpiert zu sein aus Sallust. Catil. c. 11, 6: sacra profanaque omnia polluere.

34. Isid. de diff. verb. §. 459: Inter portentum et ostentum: portentum nascitur et in sua permanet qualitate: ostentum vero subito offertur oculis et subducitur: sic portentum dicitur a portendendo id est porro ostendendo: sicut et prodigium quod porro dicat id est futura de longe praedicat. Monstrum sane a monitu vel monstrando dictum; quod aliquid significando demonstret et statim. Quinque sunt autem genera prodigiorum, ut Varro

dicit, id est portentum, ostentum, prodigium, miraculum et monstrum.

Genommen aus Serv. in Aen. III, 366; im Uebrigen s. zu n. 7.

35. Isid. de diff. verb. §. 524: Inter sedes et thronos: sedes non tantum unius sed multorum est. Nam solium unius tantum est et regum: sedes quibuscumque proprium. Solium autem vel a solius sessione vel a soliditate dictum. Solium Latini, Graeci thronum dicunt. Sedes autem dictae, quia apud veteres Romanos non erat usus accumbendi. Unde et consedere antiquo more dicitur. Nam veteres sedentes epulabantur. Postea, ut ait Varro de vita populi Romani, viri discumbere coeperunt, mulieres sedere. Quia turpe illis erat, discumbere mulierem.

Genommen aus etym. XX, 11, 9. 10, und hätte also zu Varr. de vita P. R. I, 28 mit als Belegstelle angeführt werden können; s. oben n. 26.

Die grössere Mehrzahl also derjenigen Stellen, an denen Varro von Isidor ausdrücklich citiert wird, ist, wie man sieht, entschieden nicht aus jenem selbst sondern erst aus einer abgeleiteten Quelle entlehnt; dasselbe liess sich mit grosser Wahrscheinlichkeit von einer weiteren Anzahl annehmen; nur bei einer verhältnissmässig sehr geringen Zahl ist es nicht mehr möglich nachzukommen, weil einige Schriftsteller, aus denen Isidor nachweislich schöpfte, nicht auf uns gekommen sind. Als feststehend kann daher zunächst betrachtet werden, dass eben diese Stellen nur aus dem erwähnten Grunde uns die alleinige Ueberlieferung varronischer Worte gewähren. Ferner aber darf man nun auch behaupten, dass Varro überhaupt nicht zu den Schriftstellern gehört, aus denen Isidor seine Werke compiliert hat. Zwar konnte die grosse Brauchbarkeit sowohl der erhaltenen als auch verlorener Werke Varros für die Zwecke Isidors es als glaublich erscheinen lassen, dieser habe die Benutzung jener nicht verabsäumt, daher denn auch Ritschl öfter, z. B. Quaestt. Varr. p. 18. 32. 40 sq., eine solche statuiert, Roth Leben Varros p. 32 sie wenigstens für die

Disciplinarum libb. vermuthet, und Francken gar sagt p. XXI: cujus (Varronis) praeter libros artem grammaticam spectantes Antiquitates potissimum excerpsisse videtur (Isidorus). Jedoch musste schon der Umstand zur Vorsicht mahnen, dass er so viele Scholiasten und Kirchenschriftsteller, die er immer und immer wieder fast wörtlich ausschreibt, nirgends auch nur mit einer Silbe als seine Quellen namhaft macht, während er viele andere vorvarronische Autoren, die auch uns zum Theil nicht mehr erhalten sind, häufig citiert. Keines Autorität fand er aber in seinen Quellen höher geschätzt und öfter angeführt als die des Varro, dieses Namen nahm er daher gern aus den auszuschreibenden Stellen mit herüber und gab so mit leichter Mühe seinen Schriften, namentlich den Etymologiae, den Anschein von Werken ausgesuchter, seltener Gelehrsamkeit. Die von Krahner de Varr. antiqq. p. 30 anempfohlene Vorsicht bei Benutzung der späteren Schriftsteller für varronische Studien ist daher für Isidorus doppelt anzurathen. Endlich mag noch erwähnt werden, dass nun auch die Behauptung nicht mehr als zu kühn erscheinen dürfte, dass dem Zeitalter des Isidor nicht mehr von dem varronischen Nachlass vorgelegen hat als uns selbst.

II. M. Terenti Varronis de gente populi Romani libri IIII.

Diese nach dem ausdrücklichen Zeugnisse des Arnobius adv. natt. V, 8: Varro ille Romanus multiformis eminens disciplinis et in vetustatis indagatione rimator, in librorum quatuor primo quos de gente conscriptos Romani populi dereliquit, curiosis computationibus edocet, ab diluvii tempore cujus supra fecimus mentionem ad usque Hirti consulatum et Pansae annorum esse milia nondum duo. aus vier Büchern bestehende varronische Schrift muss, wie aus der Ueberschrift und der Buchzahl hervorgeht, in irgend welcher Beziehung gestanden haben zu der anderen desselben Varro de vita populi Romani libri IV. Auch die Abfassungszeit beider scheint nicht allzu weit auseinander liegen zu können; es fragt sich, in welches Jahr man jene zu setzen habe. Offenbar bietet die eben angeführte Stelle des Arnobius hiefür eine wesentliche Hülfe, aus ihr folgert nun Schneider de vit. et script. Varr. p. 234 dass die Schrift im Jahre 711/43, in welches das Consulat des Hirtius und Pansa fällt, oder später, Francken p. 126, dass sie nach dem Jahre 711/43 verfasst sei; da man jedoch nicht einsieht, warum Varro bei dieser Annahme gerade dies Jahr als terminus ad quem gesetzt habe, — denn eine runde Zahl wird auch so noch nicht herbeigeführt (milia nondum duo) — so glaubten Roth, über das Leben des Varro S. 27 und Th. Mommsen, Römische Chronologie 2. Ausg. S. 147, die Abfassung falle vielmehr eben in das genannte Jahr selbst. Letzterer Annahme folgend vermuthete ich, Varr. de vita P. R. q. e. p. 4, dass auch die Schrift de vita P. R., deren Abfassungszeit sich mit Sicherheit nur zwischen die Grenzen 705/49 und 722/32, mit Wahrscheinlichkeit zwischen 707/47 und 722/32 bringen lässt, ungefähr in eben jenes Jahr 711/43 zu setzen sei. Indessen darf nicht übersehen werden, dass das Consulat des Hirtius und Pansa für Roms Entwicklung epochemachend war (s. auch Ovid. Trist. IV, 10, 6: Cum cecidit fato consul uterque pari, und O. Müller zu Varr. de l. l. p. VI) und daher schon frühzeitig für chronologische Bestimmungen eine Bedeutung gewann, wie man nicht allein aus des Hieronymus Chronicon sondern auch aus Solinus sieht, vgl. Solin. cp. 1, p. 3, C ed. Salm.: Ad Hirtium et C. Pansam consules anni septingenti et decem: quorum consulatu Caesar Augustus est consul creatus octavum decimum annum agens; vgl. noch M. Hertz, ind. lectt. Vratisl. aest. 1864. p. 10. Mag nun für dies Letztere immerhin die Autorität Varros vielleicht bestimmend gewesen sein, so war für diesen doch jedenfalls Grund genug vorhanden, auch wenn er in irgend einem Jahre nach 711/43 schrieb, doch gerade dieses, als ein für Rom in mehrfacher Beziehung verhängnissvolles, als Grenzpunkt festzuhalten; und man wird demnach, um sicher zu gehen, wohl bei Schneider stehen bleiben und sagen müssen, dass die Schrift vor dem genannten Jahre nicht abgefasst sei. Vielleicht lässt sich eine äussere Veranlassung, durch welche Varro zur Abfassung dieser Schrift bewogen worden ist, noch nachweisen. Nach Augustin d. Civ. D. XXII, 28 nämlich hatte er in derselben von der nach je 440 Jahren eintretenden Palingenesie gehandelt, was, wie Th. Mommsen Röm. Chronol.[2] S. 184 ff. nachweist, mit der Ansetzung eines saeculum auf 110 Jahre eng zusammenhängt. Nun war die letzte Säcularfeier nach Varros Angabe bei Censorin. d. d. n. c. 17, 11 im Jahre d. St. 605 gewesen, es hätte demnach im J. 715 nach jenem Ansatz wieder eine Statt finden müssen; und dass eine solche wirklich von einer Seite beabsichtigt gewesen sei, kann nach Schoemanns Untersuchung, prolusio de Romanorum anno saeculari ad Verg. ecl. IV, akadem. Progr. Greifswald 1856, besonders S. 10 ff., nicht zweifelhaft sein.

Sie unterblieb jedoch und fand erst im J. 737 Statt. An den bei dieser Gelegenheit geführten gelehrten Untersuchungen betheiligte sich nach dem Zeugnisse des Zosimus (bei Schömann S. 10) Atejus Capito. Vielleicht dass auch Varro diesem Streite nicht unthätig zugesehen hat und durch seine Schrift de gente populi Romani zur Aufklärung des Sachverhaltes hat beitragen wollen. Träfe diese Betrachtung, die natürlich nur als eine Vermuthung hingestellt werden kann, das Richtige, so würde die Herausgabe dieser Bücher vor das J. 715, und wohl von der Abfassung der vierten Ekloge Vergils, d. h. dem Jahre 714, nicht weit entfernt zu setzen sein.

Von dem Inhalte der Schrift geben uns ein ziemlich deutliches Bild die Excerpte aus ihr bei Augustinus de Civ. Dei im XVIII. und hin und wieder in den folgenden Büchern, die Francken p. 124—150 zusammengestellt hat; Popmas Sammlung ist namentlich für diese Schrift viel zu dürftig. Hier entsteht nun die Frage, wie weit eine Benutzung des Varro in der erwähnten Schrift des Augustin statuiert werden darf. Zunächst muss in Erinnerung gebracht werden, s. Varro de vita P. R. p. 17, dass Augustin überhaupt nur eine sehr beschränkte Anzahl varronischer Schriften benutzt, vorzugsweise die Antiquitates rerum divinarum, und zwar in den Büchern bis zum XVII. incl., ausserdem noch in denselben den Logistoricus Curio de cultu deorum. Andere Bücher werden weder genannt noch ungenannt benutzt; denn Dombart ist gewiss im Irrthum, wenn er die Stelle August. d. C. D. VII, 16 über die Bedeutung des Liber und der Ceres als mit Varro de l. l. V, 66 identisch ansieht, sie ist um Nichts weniger als so viele vorhergehende und folgende Capitel aus den Antiqq. rer. div. genommen. Vom XVIII. Buche an dagegen wird seine Hauptquelle die Schrift de gente P. R., ausserdem noch vorübergehend des Varro liber de philosophia, XIX, 1 sqq., welche Schrift Krahner Varr. Cur. p. 8 wohl nur zufällig übersah, wenn er behauptete, Augustin nenne ausser den Antiqq. und den Büchern de gente P. R. nur den Curio. Einige Male aber kommt Augustin auch in diesem Theile seines Werkes auf die Antiquitt. zurück, wie XVIII, 23: Sibyllas autem Varro prodit plures fuisse non unam, welche Worte entweder aus dem lib. IV. der Antiqq. rer. div. selbst oder aus Lactantius entnommen sind, aus dem Augustin in demselben Capitel eine längere Stelle citiert, cf. Lactant. inst. div. I, 6, 7: M. Varro... Sibyllinos libros ait non fuisse unius Sibyllae... Ceterum Sibyllas decem numero fuisse. Eben hierdurch finden auch ihre Erklärung die letzten Worte des c. 23: Nonnulli sane Erythraeam Sibyllam non Romuli (s. den Anfang des Capitels und Hieron. chron. n. 1275), sed belli Trojani tempore fuisse scripserunt; man vergl. nämlich Lactant. l. l. §. 9 aus Varro: quintam Erythraeam.. eamque Grajis Ilium petentibus vaticinatam, et perituram esse Trojam et Homerum mendacia scripturum. Natürlich bezieht sich auch August. XIX, 22: Ipse est Deus, quem Varro doctissimus Romanorum Jovem putat, weder auf die libri de gente P. R. noch auf den liber de philosophia, sondern auf den Curio; die Stelle kann aber nicht als ein neues Citat gelten, da er schon in den früheren Büchern ausführlich darüber gesprochen hat, s. VII, 9 al., Krahner Varr. Cur. p. 1. Endlich die Stelle XXII, 11: Nam inter magna miracula deorum suorum profecto magnum illud est, quod Varro commemorat, Vestalem virginem, cum periclitaretur falsa suspicione de stupro, cribrum implesse aqua de Tiberi et ad suos judices nulla ejus parte stillante portasse, war ebenfalls schon früher fast wörtlich, wenn auch ohne Nennung des Varro, dagewesen X, 16 med., s. Francken p. 124. Ueber andere Beziehungen auf die Antiqq. rer. div. und den Curio s. unten S. 57. Wie auch sonst Augustin nicht hier und da einzelne Stellen aus irgend einem Autor in seine Darstellung zu verweben, sondern dieser eine ganze Schrift durch einen längeren Abschnitt hindurch zu Grunde zu legen pflegt — man vergl. ausser der Benutzung der genannten varronischen Werke noch die Art, wie er Cicero de republica und Apulejus de deo Socratis benutzt —, so legt er in der ersten Hälfte des XVIII. Buches als Hauptfundament seiner Erzählung die Schrift de gente P. R. unter und spricht dies ganz deutlich aus im c. 2: Ninus ergo jam secundus rex erat Assyriorum, qui patri suo Belo successerat, regni illius primo regi, quando in terra Chaldaeorum natus est Abraham. Erat etiam tempore illo regnum Sicyoniorum admodum parvum, a quo ille undecumque doctissimus Marcus Varro (Reminiscenz an den von ihm selbst d. C. D. VI, 2 citierten Vers des Terentianus: vir doctissimus undecumque Varro) scribens de gente populi Romani, velut antiquo tempore, exorsus est. Ab his enim Sicyoniorum regibus ad Athenienses pervenit, a quibus ad Latinos, inde Romanos. Nach einem längeren Excurs fährt er dann wiederum fort: Abraham igitur in eo regno apud Chaldaeos Nini temporibus natus est. Sed quoniam res Graecae multo sunt nobis quam Assyriae notiores, et per Graecos ad Latinos ac deinde ad Romanos, qui etiam ipsi Latini sunt, temporum seriem deduxerunt qui gentem populi Romani in originis ejus antiquitate rimati sunt: ob hoc debemus, ubi opus est, Assyrios memorare reges, ut appareat quem ad modum Babylonia, quasi prima Roma, cum peregrina in hoc mundo Dei civitate procurrat; res autem, quas propter comparationem civitatis utriusque, terrenae scilicet et caelestis, huic operi oportet inserere, magis ex Graecis et Latinis, ubi et ipsa Roma quasi secunda Babylonia est, debemus adsumere. Er spricht also klar aus, dass im Folgenden zwei Reihen von Berichten gleichzeitiger Ereignisse neben einander hergehen sollen, die eine über griechische und römische Geschichte, die in den Schriften derjenigen niedergelegt sei, welche über die gens des römischen Volkes geforscht haben, d. h., wie aus dem Vorhergehenden erhellt, in den libri Varronis de gente populi Romani; die andere über assyrische Geschichte oder vielmehr nur die assyrische Königsreihe, zu welcher er die Quelle nicht so bestimmt angiebt. Welches diese gewesen sei, und, eine Frage, die mit jener eng zusammenhängt, woher die zahlreichen chronologischen Angaben in der Schrift de Civ. D. überhaupt genommen sind, ist zwar nicht ohne Interesse zu untersuchen; für die Trennung der beiden verschmolzenen Erzählungen aber genügt es, folgende Punkte festzustellen. Hauptquelle ist dem Augustin gewiss gewesen das Chronicon des Eusebius oder Hieronymus, dieses citiert er selbst öfter, nämlich XVI, 16, s. Hieron. n. 75 ed. Mai; XVIII, 8, s. Hier. n. 262; XVIII, 10, s. Hier. n. 477; XVIII, c. 25 und c. 31; und auf dasselbe beziehen sich die Citate bei ihm, wo er kurz in chronicis sagt, XVIII, 27. 37. 47, ferner wo er citiert qui chronicam historiam persecuti sunt, IV, 6 extr.*) s. Hieron. n. 1196 (Euseb. lib. I. p. 46 ed. M.). Ich trage demnach kein Bedenken, auf denselben Hieronymus zurückzuführen die ähnlich wie die vorigen lautende Bestimmung bei Aug. VIII, 11: Sed diligenter supputata temporum ratio, quae chronica historia continetur, Platonem indicat a tempore, quo prophetavit Hieremias, centum ferme annos postea natum fuisse; qui cum octoginta et unum vixisset, ab anno mortis ejus usque ad id tempus, quo Ptolemaeus rex Aegypti scripturas propheticas gentis Hebraeorum ... interpretandas habendasque curavit, anni ferme reperiuntur LX; denn sowohl die Angabe der Lebenszeit des Plato stimmt mit dem Hieron. überein, s. n. 1592 und n. 1672, als auch die Zahl der Jahre von seinem Tode bis zu den LXX, s. Hier. n. 1672 und n. 1736, wenigstens so ziemlich; dagegen werden nach diesem freilich von dem Geburtsjahre des Plato (Hier. n. 1592) rückwärts bis zum Propheten Hieremias bei Weitem mehr als C Jahre gezählt; bis zum Auftreten desselben (Hier. n. 1386) sind es 206 Jahre, bis zu dem Zeitpunkte, wo Hier. n. 1419 sagt: Prophetabant Hieremias et Baruch sind es 173 Jahre,

*) Wenn übrigens Aug. XVIII, 21 sagt: Ad Medos quippe translatum est (regnum Assyriorum) post annos ferme mille trecentos quinque, ut etiam Beli, qui Ninum genuit et illic parvo contentus imperio primus rex fuit, tempora computentur. und derselbe XII, 10 in runder Zahl denselben Zeitraum auf ferme 1300 Jahre angiebt, so könnte man zwar durch letztere Stelle veranlasst denken an Euseb. p. 46 ed. M.: Tempus imperii Assyriorum secundum accuratos scriptores anni mille ducenti quadraginta: secundum vero alios mille trecenti, wodurch jedoch die genaue Zahl 1305 noch nicht erklärt wäre; diese wird vielmehr durch Addition der 1240 Jahre (IV, 6) und der 65 Jahre der Regierungszeit des Belus (XVI, 17) gefunden sein.

und bis zu Hier. n. 1392: Prophetabant Sophonias et Hieremias gerade 200; man wird deshalb bei Augustin herstellen müssen: CC ferme annos postea natum fuisse. So liesse sich aber auch noch vieles Andere auf dieselbe Quelle zurückführen, namentlich fast Alles aus der heiligen Geschichte, z. B. c. 3: Ipsi vero Isaac sexagenario nati sunt gemini, Esau et Jacob vgl. mit Hier. n. 160: Sexagenario Isaac nascuntur filii gemini, ferner aus der assyrischen Geschichte, z. B. c. 3: Xerxe illo antiquiore, qui etiam Baleus vocabatur vgl. mit Hier. n. 161; ja selbst in der griechischen Geschichte finden sich öfter Anklänge, z. B. c. 3: His temporibus Graecia sub Phoroneo Argolico rege legum et judiciorum quibusdam clarior facta est institutis vgl. mit Hier. n. 211: Phoroneus.. primus leges judiciaque constituit. Aber auch abgesehen von dem, was aus den Büchern de gente P. R. genommen ist oder doch genommen sein könnte, stammen durchaus nicht alle übrigen chronologischen Bestimmungen bei Augustinus de Civ. D. aus dem genannten Chronikon; so findet sich die Regierungszeit des ersten assyrischen Königs Belus, welche Aug. XVI, 17 auf 65 Jahre angiebt, dort nicht angegeben (Georg. Syncell. ed. Dind. I. p. 181: 55 Jahre), und Castor ap. Euseb. p. 38 ed. M., sagt: exordiumque a Belo duximus: et quoniam haud traditum certo est quot hic annis regnaverit, nihil praeter nomen adscripsimus (Syncell. ed. Dind. I. p. 387). Eine nicht unwesentliche Differenz ist ferner, dass Hieronymus die Reihe der assyrischen Könige mit Uebergehung des Belus erst mit Ninus anhebt, Augustinus aber von Belus an zählt.*) So folgt er auch an manchen anderen Stel-

*) Einiges stimmt genau mit den Ansätzen des Solinus und ist daher wohl einfach aus diesem entlehnt, nämlich XV, 12: apud plerosque scriptores historiae reperitur, Aegyptios habuisse annum quattuor mensum (cf. XII, 10 med.), Acarnanas sex mensum, Lavinios tredecim mensum. aus Solin. c. 1 p. 3, D ed. Salm., ferner Aug. III, 9: Quid ergo est, quod illi quadraginta tres vel, ut alii volunt, triginta et novem anni in tam longa pace transacti sunt regnante Numa? aus Solin. c. 1 p. 2, E, obgleich auch Liv. I, 21 extr. die Regierungszeit des Numa auf 43 Jahre angiebt, während Hieron. n. 1303 nur 41 Jahre zählt; der Zusatz ut alii volunt triginta et novem anni bezieht sich auf Cicero

len einem anderen Gewährsmanne als dem Hieronymus; z. B. stimmt der Bericht in c. 2 über Ninus, Semiramis und Ninyas genau mit Justin. I, c. 1 und c. 2 überein.*) Differenzen in der Schreibung der Eigennamen sind zwar nicht hoch anzuschlagen, doch verdient angemerkt zu werden, dass der assyrische König, welcher bei August. c. 8 in. Saphrus heisst, bei Hieron. Sphaerus genannt wird, der von Aug. c. 7 Mamythus genannte König bei Hier. Mamylus heisst; merkwürdiger ist, dass von Aug. c. 19 der neunundzwanzigste assyrische König Oneus genannt wird, während er bei Hier. Thinaeus heisst, was nur in einer unsorgfältigen Lesung griechischer Buchstaben seinen Grund haben kann (*ONEIOC* und *ΘINΑIOC*). Wie sich jene offenbare häufige Uebereinstimmung neben Verschiedenheit in einzelnen Punkten zwischen Augustin und Hieronymus erkläre, ist schwer zu sagen. Belehrend ist es, wenn es bei Aug. c. 3 heisst: regnantibus . . apud Sicyonios Thuriaco, quem quidam Thurimachum scribunt. Da dieser sicyonische König sonst überall Thurimachus genannt wird, so wird Aug. den Namen Thuriacus nur eben aus Varro haben; und er beweist auch dadurch, dass er diesem für die

de rep. II, 14, vgl. auch Mommsen Röm. Chronol.[2] S. 138 ff. Endlich Aug. III, 15 extr.: Haec fuit Romanorum vita sub regibus laudabili tempore illius rei publicae usque ad expulsionem Tarquinii superbi per ducentos ferme et quadraginta et tres annos. ebenfalls nach Solin. c. 1 p. 3, B, vgl. Mommsen S. 144 Anm. 270; wenn er Hieron. n. 1504: Romanorum reges a Romulo septem usque ad Tarquinium Superbum imperaverunt annis CCXL, sive ut quibusdam placet CCXLIII, gefolgt wäre, würde er sicher die Zahl 240 gewählt haben. Indessen ist es fraglich, ob an der letztgenannten Stelle des Solinus nicht für die Zahl 243 herzustellen sein dürfte (240 oder vielmehr) 241, da die Summierung der Regierungszeiten der einzelnen Könige nur 240, also mit Einschluss des Interregnenjahres nach dem Tode des Romulus 241 Jahre ergiebt. Endlich stammen auch noch die Angaben bei August. d. C. D. XXI, 5 (ed. Domb. II. p. 433, 27—434, 14) aus Solinus a. m. O. Im XVIII. Buche jedoch ist eine Benutzung jenes Schriftstellers nicht wahrzunehmen.

*) Wenn Augustin zu den Worten: Hanc putant nonnulli condidisse Babylonem noch den Zusatz macht: quam quidem potuit instaurare, so geschieht dies mit Rücksicht auf das von ihm XVI, 4 Gesagte.

Reihen der sicyonischen Könige als seinem Hauptgewährsmanne folgt. Aehnlich wird es mit dem neunten sicyonischen Könige sein, Aug. c. 4 in.: Messapus, qui etiam Cephisos a quibusdam traditur. Auch muss noch erwähnt werden, dass wir nicht im Entferntesten erwarten dürfen, wörtliche Citate in den Auszügen Augustins vor uns zu haben. Es ist so sehr Gewohnheit dieses Kirchenvaters, nur den Gedanken des Autors wiederzugeben, vgl. u. a. d. Civ. D. III, 4: Quae Varronis sententia expressa, ut potui, meis verbis, dass er es ausdrücklich erwähnen zu müssen glaubt, wenn er die Stelle auch nach dem Wortlaute genau anführen will, s. XXI, 8 und XXII, 28: Varro .. cujus putavi verba ipsa ponenda; aber auch selbst dann hält er kleine Aenderungen für zweckmässig, s. II, 9: haec ex Ciceronis quarto de re publica libro ad verbum excerpenda arbitratus sum, nonnullis propter faciliorem intellectum vel praetermissis vel paululum commutatis; vgl. noch besonders C. F. W. Müller im Philol. XX. 1863 p. 521.

So viel hier über die Fragmente bei Augustin, mit diesen ist aber ferner hauptsächlich zu verbinden das Zeugniss des Censorinus de die nat. c. 21. Dieser citiert zwar nur Varro im Allgemeinen; dass aber die Bücher de gente P. R. zu verstehen sind, sahen Krahner de Varr. antiqq. p. 24 und O. Jahn zu Censorin. p. 62, 7. Censorin sagt nämlich: Et si origo mundi in hominum notitiam venisset, inde exordium sumeremus: nunc vero id intervallum temporis tractabo quod ἱστορικὸν Varro adpellat. Hic enim tria discrimina temporum esse tradit, primum ab hominum principio ad cataclysmum priorem, quod propter ignorantiam vocatur ἄδηλον, secundum a cataclysmo priore ad olympiadem primam, quod, quia in eo multa fabulosa referuntur, μυθικὸν nominatur, tertium a prima olympiade ad nos, quod dicitur ἱστορικόν, quia res in eo gestae veris historiis continentur. Primum enim tempus, sive habuit initium seu semper fuit, certe quot annorum sit non potest comprehendi. secundum non plane quidem scitur, sed tamen ad mille circiter et sexcentos annos esse creditur. a priore scilicet cataclysmo, quem dicunt Ogygii, ad Inachi regnum anni sunt circiter quadringenti, hinc ad excidium Trojae anni octingenti (die Worte hinc .. octingenti fehlen in den Mss., sind aber als zum Zusammenhange unentbehrlich längst richtig eingefügt worden; ganz sinnentsprechend, wie sich unten S. 54 zeigen wird, ergänzt C. L. Roth in Sallust. ed. Gerlach. Basel 1853. S. 390: hinc ad Cecropis in Attica regnum anni circiter quadringenti, hinc ad excidium Trojae anni paulo minus quadringenti), hinc ad olympiadem primam paulo plus quadringenti. ... De tertio autem tempore fuit quidem aliqua inter auctores dissensio in sex septemve tantummodo annis versata: sed hoc quodcumque caliginis Varro discussit, et pro cetera sua sagacitate nunc diversarum civitatium conferens tempora, nunc defectus eorumque intervalla retro dinumerans, eruit verum, lucemque ostendit, per quam numerus certus non annorum modo sed et dierum perspici possit. Nach dieser Berechnung, fährt er fort, sei das Jahr, in welchem er schreibe, und in welchem Ulpius und Pontianus Consuln seien, von der ersten Olympiade an das 1014te, von Roms Gründung an das 991te. Diese ganze Eintheilung der Zeit stimmt genau überein mit dem, was Augustin und Arnobius aus unserer Schrift erhalten haben; so ist die Wichtigkeit des cataclysmus prior, d. h. der ogygischen Fluth, für chronologische Bestimmungen in den Büchern de gente P. R. hinreichend bezeugt durch August. XVIII, 8 extr.: Nam Varro inde exorsus est librum, cujus mentionem superius feci (i. e. libros de gente P. R.), et nihil sibi, ex quo perveniat ad res Romanas, proponit antiquius quam Ogygi diluvium, hoc est Ogygi factum temporibus; s. auch Varro de gente P. R. bei Aug. XXI, 8. Dass Varro von dem zweiten Zeitabschnitte gesagt hat: in eo multa fabulosa referuntur, erwähnt auch Augustin sehr häufig in Ausdrücken wie: poëtis et fabulis, non historiae rebusque gestis est applicandum (c. 8), poëtica figmenta (c. 15), non fabuloso poëticoque mendacio, sed historica adtestatione confirmant (c. 16). So lassen sich alle Angaben der genannten Schriftsteller aufs Beste mit einander vereinigen, wie unten im

Einzelnen gezeigt werden wird. Freilich könnte Jemand behaupten, es sei wahrscheinlicher, Censorin meine an jener Stelle die viel berühmteren und von ihm selbst auch sonst benutzten Antiquitates rerum humanarum, deren libb. XIV — XIX ja de temporibus handelten, und von denen namentlich lib. XIX, wenn mich meine Vermuthung Varr. de vita P. R. p. 12. Anm. nicht getäuscht hat, Manches enthalten haben muss, was dem bei Censorinus Erhaltenen nicht unähnlich war. Etwas Anderes als die auffallende Uebereinstimmung zwischen Censorin und Augustin könnte man einer solchen Annahme wohl nicht entgegensetzen; für die Sache würde dies aber so gut wie gar keinen Unterschied machen, da man ja sieht, dass sich die beiden Schriften dann durchaus nicht widersprochen haben; und man also berechtigt ist, den einen Bericht aus dem andern zu ergänzen.

Ausser Arnobius, Augustin und Censorinus haben ferner noch Charisius und Servius Bruchstücke dieser Schrift aufbehalten; eine Erwähnung derselben bei Nonius aber, von der Boissier S. 36 spricht, habe ich beim besten Willen nicht finden können; er hat sich auch hier wohl nur geirrt und Charisius schreiben wollen, ähnlich wie ihm z. B. S. 41: du nom de Julius, qui fut alors donné au mois de sextilis, der Schreibfehler Sextilis für Quintilis untergelaufen ist.

Die Anordnung des Stoffes war, wie im Wesentlichen auch in den Büchern de vita populi Romani, die chronologische, s. Ritschl Rhein. Mus. N. F. VI. 1848 p. 508; dies geht ganz unzweideutig hervor aus der Hauptstelle des Augustin, c. 2, s. oben p. 42 wo dieser sagt, Varro habe seine Erzählung begonnen mit dem regnum Sicyoniorum, sei dann zu den Atheniensern übergegangen, von diesen zu den Latinern, endlich zu den Römern, die ja, wie er später hinzufügt, selbst auch Latiner seien (vgl. c. 15: regnabant Laurentes utique in Italia, ex quibus evidentior ducitur origo Romana post Graecos); sodann aber auch aus der wichtigen Stelle Aug. c. 13: Hae fabulae bellum ad usque Trojanum, ubi secundum librum Marcus Varro de populi Romani gente finivit. Der Endpunkt des zweiten Buches war demnach der trojanische Krieg oder genauer, wie sich zeigen wird, die Zerstörung Trojas; der Anfang des ersten, natürlich abgesehen von einer event. Einleitung, die sicyonische Königsherrschaft, oder noch genauer die ogygische Fluth, denn so giebt August. c. 8 extr. an, s. S. 47. Der in den beiden ersten Büchern also zusammengefasste Zeitraum begreift zunächst die Periode von dem Ursprung der Menschen an bis zur ogygischen Fluth, das von Varro bei Censorinus genannte ἄδηλον tempus, ferner von dem zweiten Zeitraum, dem μυθικὸν tempus, die beiden ersten Abschnitte, nämlich den von der ogygischen Fluth bis zur Herrschaft des Inachus und den zweiten von da an bis zur Zerstörung Trojas; im Ganzen ausser der ersten Periode, von der es heisst: primum tempus ... certe quot annorum sit non potest comprehendi, ein Zeitraum von 1200 Jahren. Nun könnte es auffallen, dass nach der sehr bestimmten Bemerkung des Aug. c. 8 Varro kein älteres Ereigniss als Ausgangspunkt seiner Erzählung, deren Schlussstein das römische Reich bilden sollte, angenommen habe als die ogygische Fluth, und dass dasselbe bestätigt werde durch die andere Stelle des Aug. c. 2: a regno Sicyoniorum .., welche nur scheinbar verschiedenen Angaben Scaliger can. isagog. lib. III. p. 349 richtig vereinigt, indem er sagt: Proinde regnum Sicyoniorum coeperit proxime post diluvium Ogygium, qui fuit terminus intervalli illius, quod Varro vocat ἄδηλον, während doch nach der Angabe des Censorin noch ein ganzer Zeitraum vor jenem Ereigniss gelegen haben soll. Und dennoch haben Beide Recht; die Zeiteintheilung hat Censorin gewiss dem Varro ganz richtig nachgeschrieben, aber die in chronologischer Folge von Varro erzählten Begebenheiten begannen freilich erst mit der ogygischen Fluth; denn von der vor dieser liegenden, propter ignorantiam ἄδηλον genannten Periode wusste man nicht einmal, wie lange sie gedauert habe; Königsreihen oder Begebenheiten konnten aus ihr nicht mitgetheilt werden. Was über sie zu sagen nöthig war, fand daher nur einleitungsweise einen

Platz. Hier am Anfange des ersten Buches waren zunächst allgemeine chronologische Berechnungen angestellt, die curiosae computationes, von denen Arnobius redet, wodurch man daran erinnert wird, dass chronologische Untersuchungen auch in des Dicaearchus *Βίος Ἑλλάδος*, dessen Titel Varro für die Schrift de vita P. R. benutzte, enthalten waren. Wie sorgfältig aber in der That diese Berechnungen gewesen sein müssen, sieht man aus Censorin, welcher p. 63, 10 ff. ed. Jahn. sagt, Varro habe sowohl die Chronologieen anderer Völker hierzu benutzt als auch aus den Beobachtungen von Finsternissen Schlüsse gezogen (vgl. Varro bei Plutarch. vit. Rom. c. 12). In dieser ersten Hälfte des ersten Buches stand auch, wie ich glaube, was Aug. d. Civ. D. XXII, 28 überliefert: Mirabilius autem quiddam Marcus Varro ponit in libris, quos conscripsit de gente populi Romani, cujus putavi verba ipsa ponenda: „Genethliaci quidam scripserunt,“ inquit, „esse in renascendis hominibus quam appellant *παλιγγενεσίαν* Graeci; hac scripserunt confici in annis numero quadringentis quadraginta, ut idem corpus et eadem anima, quae fuerint conjuncta in homine aliquando, eadem rursus redeant in conjunctionem,“ worüber s. Th. Mommsen, röm. Chronolog. 2. Aufl. S. 184. Eine Hauptquelle waren ihm hierbei die Berechnungen seiner Freunde T. Pomponius Atticus und des Mathematikers L. Tarutius Firmanus, s. über dies und anderes hierher Gehörige die treffliche Auseinandersetzung von Mommsen a. a. O. S. 145 ff. Dahingestellt muss bleiben, ob Plutarch vit. Rom. c. 12 seinen Bericht über Varros Bestimmung des Gründungsjahres von Rom aus unserer Schrift oder aus den Antiqq. rer. hum., s. Krahner Varr. antiqq. S. 25, schöpfte. Nachdem Varro darauf die bei Censorin. c. 21 erhaltene Eintheilung aller Zeit angegeben und, wenn auch nur kurz, begründet hatte, brauchte er zwar bei dem *ἄδηλον* tempus, welches vom principium hominum beginnt, nicht länger verweilen; jedoch musste er wohl hier die Frage erörtern, die auch Censorinus in den Worten: primum enim tempus sive habuit initium seu semper fuit andeutet, ob das Menschengeschlecht von Ewigkeit her bestehe, oder ob und wie es geschaffen sei; ein Thema, welches er in dem Logistorikus Tubero de origine humana ausführlicher behandelt hatte, und welches Censorinus c. 4 bespricht. Auch musste ihn die Erwähnung der beiden grossen Fluthen von selbst darauf führen, und Arnobius handelt gerade dort über dieselbe Frage, wo er das mehrerwähnte Citat aus dem ersten Buche unserer Schrift beibringt. Aber ähnlich wie Dicaearchus im *Βίος Ἑλλάδος* nach dem Zeugnisse des Varro r. r. II, 1, 4 erzählt hatte: summum gradum fuisse naturalem, cum viverent homines ex iis rebus, quae inviolata ultro ferret terra ... ut ex arboribus ac virgultis decerpendo glandem, arbutum, mora pomaque colligerent ad usum (s. auch Varro r. r. I, 2, 16. Macrob. comment. in somn. Scip. II, 10, 6 und vgl. Preller, Ausgew. Aufs. S. 206 ff.), so konnte gewiss auch Varro hier nicht umhin, Einiges über den Naturzustand der Menschen zu sagen. Auf diese Schilderung wird am besten bezogen werden das Bruchstück, welches aus dem ersten Buche Charisius p. 130, 5. 128, 27 erhalten hat: fagus quas Graece *φηγούς* vocant. Ich wüsste nicht, an welcher Stelle diese Worte passender gestanden haben könnten, als hier wo er das einfache Leben jener Urmenschen beschrieb, welche sich nur von glandes, d. h. den essbaren Früchten der quercus, fagus und anderer Bäume nährten. Dies Eichelessen wird unzählige Male von den Alten erwähnt, s. Hildebrand in Arnob. II, 21, oft bestimmter querna glans, Ovid. Fast. I, 676. IV, 399. Tibull. II, 1, 38. Lucret. V, 939; es sind unter glandes aber auch die Früchte der fagus zu verstehen, s. Plin. n. h. XVI, §. 18, Isidor. etym. XVII, 7, 28: Fagus et esculus arbores glandiferae ideo vocatae creduntur, quod harum fructibus olim homines vixerint cibumque sumpserint escamque habuerint. Nam esculus ab esca dicta, fagus vero a Graeco vocabulum traxit. *φαγεῖν* enim Graece comedere dicitur; *) s. Heindorf in Horat.

*) In dem — fraglich, ob im J. 1124 oder 1212 verfassten — Graecismus des Ebrardus Bethuniensis lautet der Vers 547 nebst den fol-

sat. I, 3, 100. Ja ich glaube sogar, dass der nach Etymologieen haschende Varro sich diese Gelegenheit nicht wird haben entgehen lassen, die Ableitung φηγός von φαγεῖν anzufügen, die auch Servius in Verg. ecl. I, 1 anführt: sub fago] . . quasi sub arbore glandifera, quae victus causa fuit. Antea enim homines glandibus vescebantur. Unde etiam fagus dicta est ἀπὸ τοῦ φαγεῖν.

Doch alles dies scheint nur Einleitung gewesen zu sein; erst mit der ogygischen Fluth und der darauf erfolgten Gründung des sicyonischen Königreiches, dem Eintritte der mythischen Zeit, begann die Aufzählung der Königsreihen und an diese angeknüpft die Erzählung der Begebenheiten in chronologischer Folge und verlief durch das erste und zweite Buch hindurch bis zur Zerstörung von Troja, also einen Zeitraum von 1200 Jahren, ungefähr die Hälfte der gesammten mythischen und historischen Zeit. Nicht unmöglich ist

---

genden nach dem Manuscript 222 der Bibliothek des Kgl. Domgymnasiums zu Magdeburg:

Littera sexta solet apud eloes esse digamma
Namque in se gama continet ipsa duplex
Quod grece fronesis prudencia dicitur esse
Est quoque spuma frodos inde frodissa venus.
Utque probat fagus apud nos edere fagin
Farmacon ungentum farmacobola probat fiet

und zu v. 551 das Scholion: est arbor de cujus fructu homines antiquitus vivebant ante usum panis. et dicitur a fagin quod est comedere. Item a fagin venit fasianus et faba sicut ab esca esculus. eo quod ab ejus fructu homines escas habebant. unde escula dura bona sed mollia sunt meliora. Ich erwähne dies, um diejenigen, welche sich für mittelalterliche Grammatiker interessieren, bei der grossen Seltenheit der Drucke (obwohl das Buch fünf Mal gedruckt sein soll) auf jene Handschrift aufmerksam zu machen. Der Text scheint correkter zu sein als der in der Histoire littéraire de la France XVII, p. 129 ff. benutzte und ist um vieles besser als der des cod. Bernensis 439, wenn Sinner p. 416 ff. richtig gelesen hat; ich gebe aus der Vorrede von vielen nur folgende Varianten: cod. B.: ignorantiae nebulo, cod. M.: ignorantiae nubilo; cod. B.: inconcinne succedendi opinioni, cod. M.: inconcinne succurrendum opinioni; cod. B.: luna, cod. M.: lima. Uebrigens sind Mss der Schrift nicht selten.

es, dass mit dieser Angabe der Umstand in Zusammenhang steht, dass nach Varro antiqq. rer. hum. XVIII. bei Censorin. c. 17 p. 51, 3 ed. Jahn. die Zahl von 1200 Jahren für Rom dereinst verhängnissvoll werden sollte, s. Mommsen Röm. Chronol. S. 137. Was nun die Vertheilung jenes Stoffes unter die beiden ersten Bücher betrifft, so ist es möglich, dass entweder das erste Buch völlig in chronologischen Erörterungen und den Beschreibungen, von denen oben die Rede war, aufgieng, dem zweiten aber die beiden ersten Perioden der mythischen Zeit angewiesen waren, oder aber dass die erste Periode bis zur Herrschaft des Inachus im ersten, die zweite von da bis zur Zerstörung Trojas im zweiten Buche enthalten war. Diese zweite Annahme ist wohl die richtige; hierauf führt erstens der Umstand, dass der Stoff, der den Anfang des ersten Buches eingenommen haben muss, wie wir wahrscheinlich gemacht haben, nur die Stelle einer Einleitung inne hatte, ein ganzes Buch aber bei einer Schrift von überhaupt nur vier Büchern schwerlich als Einleitung wird angenommen werden können; sodann scheint es mir naturgemässer zu sein, die Worte des Augustin c. 8: nam Varro inde (i. e. a diluvio Ogygio) exorsus est librum, cujus mentionem superius feci (i. e. de gente populi Romani), obgleich sie unmittelbar sich auf die ganze Schrift beziehen, indirekt vom ersten Buche zu verstehen. Endlich erwäge man noch Folgendes: Man sieht aus dem bestimmten Zeugniss des Aug. c. 2 sowie aus dessen Excerpten in den folgenden Capiteln, dass Varro die Geschichte vorzugsweise am Faden der sicyonischen, atheniensischen, latinischen Königsreihen abwickelte und von diesen dann zu den Römern kam. Nun ist aber die latinische Königsherrschaft zu derselben Zeit gegründet, als Troja zerstört wurde, s. Aug. c. 16 in.: Troja eversa .. regnante jam Latino Fauni filio, ex quo Latinorum regnum dici coepit, Laurentumque cessavit. Die latinische Königsreihe kann also erst im dritten Buche gestanden haben, und den beiden ersten Büchern fallen die sicyonische und die atheniensische zu. Ebenso wie aber Augustin am Schlusse der wichtigen

Stelle des cap. 2 nur kurz sagt: per Graecos ad Latinos, was er vorher genauer so angegeben hatte: ab his enim Sicyoniorum regibus ad Athenienses pervenit, a quibus ad Latinos; so sieht man aus den Auszügen der folgenden Capitel, dass auch dies noch nicht ganz genau gewesen ist, denn nicht minder ausführlich als die Sicyoniorum reges und die Atheniensium reges geht er auch das Argivorum regnum durch, für welches er natürlich ganz dieselbe Quelle benutzte als für jene. Hiermit kommt auch überein Roths S. 47 angeführte Vermuthung. Der erste König der Argiver war aber Inachus, Aug. c. 3; und so gewinnen wir auch auf diese Weise einen passenden Grenzpunkt; die sicyonische Königsreihe begann also im ersten Buche und wurde durch einen Zeitraum von 400 Jahren herabgeführt; im zweiten wurde dann diese synchronistisch mit weitergeführt, dazu kam aber als Ausgangspunkt der Darstellung das Reich der Argiver und dann das der Athener bis zur Zerstörung von Troja, eine Periode von 800 Jahren.*)

Im dritten Buche begann der Bericht über das regnum Latinorum, und da das Ende der dritten Periode der mythischen Zeit, die erste Olympiade, so ziemlich zusammentrifft mit dem Ende des Latinerreiches und den Anfängen Roms, so ist man wohl zu der Annahme berechtigt, dieser Termin sei der Schlusspunkt des dritten Buches gewesen, und es sei also in ihm wiederum ein Zeitraum von 400 Jahren umfasst gewesen. Die Reihe der albanischen Könige entnahm er gewiss aus dem auch sonst von ihm benutzten Chronographen Castor, s. Mommsen Röm. Chron. S. 156 ff. Auch waren hier die Schicksale vieler von Troja zurückkehrenden

*) Ob und in wieweit die von Varro hier gegebenen Zeitbestimmungen, insbesondere der ogygischen und der deucalionischen Fluth, sowohl unter einander vereinbar als auch mit Ansätzen in anderen Schriften, z. B. r. r. III, 1, 2 f. übereinstimmend sind, ist hier nicht der Ort zu untersuchen. Zu den Worten, die Gellius n. a. I, 16, 3 aus antiqq. rer. hum. lib. XVII. erhalten hat: ad Romuli initium plus mille et centum annorum est, wird wohl nicht mit Popma ed. Bip. Varr. t. II. p. 300 inde a cataclysmo Ogygio, sondern inde a diluvio Deucalionis zu ergänzen sein, s. Mommsen Röm. Chron. S. 147. Anm. 279.

Helden, wie des Diomedes und Ulixes, erzählt, Aug. c. 16, auf welche die Gründung vieler italischen Städte zurückgeführt wurde; ein Gegenstand, welcher ausführlicher in (dem zweiten und dritten Buche von Catos origines und in) Varros Büchern de familiis Trojanis behandelt war. Gegen Ende des dritten Buches stand auch an der Stelle, wo der Einsetzung der olympischen Spiele Erwähnung gethan wurde, oder vielmehr bei Gelegenheit der Notiz über den Sieg des Koroebos, als des ersten Siegers in den olympischen Spielen, dessen Name aufgezeichnet worden, woran sich ein Excurs über die Urgeschichte jener Spiele schloss, das Fragment, welches Charisius p. 99, 17 ed. K. aus dem dritten Buche erhalten hat: ludos Olympia fecerat, und in welchem zwar die Worte nicht ganz sicher sind, wohl aber der Sinn. Endlich im vierten Buche kam er zu den Römern selbst und verfolgte ihre Geschichte, wenn nicht Alles trügt, durch die Reihe der sieben Könige bis zu deren Vertreibung. Boissier zwar meint S. 184: Numa est le dernier dont le nom se trouve cité dans les fragments qui restent de ces livres, et il est à croire que l'oeuvre de Varron n'allait guère plus loin. Des temps plus certains, moins contestés, commençaient alors pour la famille romaine; indessen scheint diese Meinung nur darin ihren Grund zu haben, dass Francken p. 147, eines der wenigen Bücher über Varro, die jener kennt, den Augustin — ich weiss nicht aus welchem Grunde — nur bis zu der Erwähnung des Numa in c. 24 excerpiert hat. Erstens sieht man gar nicht ein, in wiefern mit dem Tode des Numa in der römischen Geschichte ein Abschnitt eingetreten ist, und dann ist die Erwähnung des Numa wirklich nicht die letzte in den Auszügen des Augustin; in c. 25 und c. 26 fährt er vielmehr in derselben Weise wie in den vorigen Capiteln fort, erwähnt den Ancus Martius und Tarquinius Priscus und sagt dann in c. 26: Quo (Romanorum septimo rege Tarquinio) expulso etiam ipsi (Romani) a regum suorum dominatione liberi esse coeperunt. Sodann geht er auf andere Dinge über, und wir dürfen daher glauben, dass auch Varro wie von den anderen

Völkern so von den Römern nur die Königsreihe durchgenommen hat und beim regifugium stehen geblieben ist; so dass das vierte Buch de gente populi Romani denselben Zeitraum, wenn auch aus einem anderen Gesichtspunkte und zu einem anderen Zwecke, als das erste Buch de vita populi Romani behandelte. Auch mit den antiqq. rer. hum. muss der Inhalt der Bücher einige Aehnlichkeit gehabt haben, sowohl mit den libb. II—VII, s. Krahner Varr. antiqq. p. 16 sq., Kiessling de Dionys. Halic. antiqq. auctt. Lat. p. 41 Anm., als auch mit den libb. XIV—XIX, s. Krahner p. 23 sqq.; und ein Buch dieses grossen Werkes wird auch dasjenige gewesen sein, welches Quintilian inst. or. I, 6, 12 anführt mit den Worten: Varro in eo libro, quo initia Romanae urbis enarrat, lupum feminam dicit, welches Citat J. G. Vossius de histor. Latin. L. B. 1651. I, c. 12 p. 55 deshalb nicht nöthig hatte auf das Werk de gente P. R. zu beziehen. Die römische Geschichte noch weiter zu verfolgen als bis zu jenem Wendepunkte, lag bei diesem Werke von der Hauptsache nach chronologischem Inhalte kein Grund vor, da sein Zweck war, „die römische Zeitrechnung in den universalhistorischen Synchronismus einzureihen, somit gewissermassen den historischen Stammbaum des römischen Volkes aufzurichten," C. L. Roth, Leben des Varro S. 27. Allerdings der ausschliessliche Inhalt war darum noch nicht ein chronologischer, wohl aber war der übrige Stoff der Zeitfolge angepasst, s. auch Ritschl Rhein. Mus. N. F. VI. 1848. S. 508. Welcher Art nun dieser anderweitige Inhalt gewesen ist, darüber geben des Augustin Auszüge, wenigstens für die ersten Bücher, genügenden Aufschluss; für die letzten bieten die Citate bei Servius eine erwünschte Ergänzung. Es waren dies Bemerkungen über die Fortschritte der Cultur bei den einzelnen Völkern, über Sitten und Einrichtungen derselben, nicht Weniges über Culte, sogar über Wissenschaften und Künste, und eine genaue Angabe der Götter- und Heroensage; Alles, zumal das Letztere, mit möglichst sorgfältiger Angabe der Ursprünge und der Deutung dunkler Wörter oder Einrichtungen. An einzelnen Beispielen wird sich dies noch deutlicher nachweisen lassen. So gehen auf Fortschritte in der Civilisation die Worte c. 3 extr.: Isis .. quod late justeque imperaverit eisque (i. e. Aegyptiis) multa commoda et litteras instituerit; c. 6: regnante Argo suis coepit uti frugibus Graecia et habere segetes in agricultura, delatis aliunde seminibus; c. 12: his temporibus Dionysum .. vitem ferunt ostendisse in Attica terra hospiti suo. Einsetzung oder Feier von Spielen wird erwähnt ausser in der Stelle des Charisius p. 99, 17 bei Aug. c. 2 extr., c. 12, Servius in Verg. Georg. III, 18. Besonders häufig erwähnt Augustin aus dieser Schrift die Einsetzung von Culten, die Weihung von Tempeln und die Versetzung Verstorbener unter die Götter von der Apotheose des sicyonischen Königs Telxion, c. 2 extr. bis herab auf Romulus. Wenn Aug. c. 24 sagt: Sed etiamsi posteriora tempora deos homines mortuos non instituerunt, tamen ab antiquis institutos colere ut deos et habere non destiterunt; quin etiam simulacris, quae veteres non habebant, auxerunt vanae atque impiae superstitionis inlecebram, so braucht sich dieser letztere Zusatz nicht auf unsere Schrift zu beziehen, sondern er ist vielmehr mit Rücksicht auf Varros Curio de cultu deorum gemacht, aus welchem Aug. IV, 31 mitgetheilt hatte: Dicit etiam antiquos Romanos plus annos centum et septuaginta deos sine simulacro coluisse ... nec dubitat eum locum ita concludere, ut dicat, qui primi simulacra deorum populis posuerunt, eos civitatibus suis et metum dempsisse et errorem addidisse (s. Krahner Varr. Cur. p. 10 u. a.).*) Von Mythen nebst

*) Ganz dasselbe berichtet über den bilderlosen Cult der alten Römer auch Plutarch. vit. Num. c. 8, jedenfalls aus Varro, womit zu verbinden Clemens Alexandr. p. 30. A. Sylb. (s. Krahner Varr. Cur. p. 2 sq.). Winckelmann, storia delle arti lib. 3 cap. 4 §. 12. tom. 12 pg. 150 und Francken p. 13 meinten, unter diesen 170 Jahren sei der Zeitraum von der Herrschaft des Numa bis auf die Vertreibung der Könige zu verstehen, im Widerspruche mit der Angabe des Plutarch, aus dessen Worten: *οὗτός τε διεκώλυσεν ἀνθρωποειδῆ καὶ ζωόμορφον εἰκόνα θεοῦ Ῥωμαίους νομίζειν* man nicht schliessen kann, Numa habe verboten, dass

den sich daran knüpfenden Namenserklärungen giebt Augustin besonders genau wieder den über Apis, c. 5 (vgl. Plutarch. de Is. et Osir. ed. Wyttenb. Moral. t. II. p. 484 sq. und Varro bei Arnob. VI, 6 extr.) und c. 9 den über den Ursprung des Namens Athenae. Dagegen theilt er die Ansicht des Varro über die Bedeutung des Namens Areopagos nicht mit, sondern sagt nur c. 10, er habe die gewöhnliche Ansicht nicht gebilligt, sed contra istam, quae multo amplius est celebrata, opinionem aliam quandam de obscurarum notitia litterarum causam nominis hujus conatur astruere. Der Grund, den Augustin dafür anführt, dass Varro die gewöhnliche Annahme verworfen habe, scheint aber nicht von Varro selbst in dieser Schrift vorgebracht zu sein, sondern der Kirchenvater wandte auch hier die Methode an, die Krahner an seinen Mittheilungen aus den Antiqq. rer. div. einerseits und dem Curio de cultu deorum andrerseits und der Gegenüberstellung beider Schriften vortrefflich nachgewiesen hat, nämlich einzelne Aeusserungen des Varro aus verschiedenen Schriften, wenn möglich auch aus ein und derselben Schrift, aufzugreifen und nachzuweisen, dass sie unter einander in Widerspruch ständen, dass der gelehrteste aller Römer also nur wider besseres Wissen überall die Consequenzen aus seiner eigenen Lehre

---

Götterbilder angefertigt würden; vielmehr können die Worte: οὐδ' ἦν παρ' αὐτοῖς... εἶδος θεοῦ πρότερον und ἐν ἑκατὸν ἑβδομήκοντα τοῖς πρώτοις ἔτεσι.. ἄγαλμα δ' οὐδὲν ἔμμορφον ποιούμενοι διετέλουν nur auf die ersten und ältesten Zeiten von Rom überhaupt sich beziehen. Man wird also von Roms Gründung an zählen und annehmen müssen, Varro habe beim Schlusstermin an den Jupiter fictilis auf dem Capitolium gedacht, dessen er sowohl de vita P. R. I, 15 als auch in der Stelle bei Plin. n. h. XXXV, §. 157 gedachte, und der so berühmt war, dass er ihn hier nicht unberücksichtigt lassen durfte; dieses Bild meinte gewiss auch Zoëga, s. meine Anm. zu Varro de vita P. R. l. l., O. Müller Handbuch d. Arch. 2. Ausg. S. 188, Krahner Artikel Penates, Ersch und Gruber Encycl. III, 15. S. 412. Weniger ansprechend dachte Mommsen und ihm folgend Preller Röm. Myth. S. 127 an das erst unter der Herrschaft des Servius Tullius geweihte Bild der Diana auf dem Aventin.

zu ziehen verabsäumt habe, die ihn wesentlich auf die Verwerfung alles Heidenthums hätten führen müssen. Nachdem Aug. in c. 9 den Mythos über den Streit zwischen Minerva und Neptunus um die Namengebung der Stadt Athen, in welchem sich manches Ehrenrührige über die Götter gesagt findet, aus Varro de gente P. R. mitgetheilt, fährt er in c. 10 fort: Et tamen Marcus Varro non vult fabulosis adversus deos fidem adhibere figmentis, ne de majestatis eorum dignitate indignum aliquid sentiat; was genau übereinstimmt mit dem, was er VI, 5 in. aus Varros antiqq. rer. div. über das genus theologiae mythicon sive fabulosum mitgetheilt hatte: primum, quod dixi, in eo sunt multa contra dignitatem et naturam immortalium ficta. Wie kann also Varro trotzdem hier für die Götter so schimpfliche Sagen erzählen und billigen? zumal da er ja in derselben Schrift de gente P. R. jenes in den antiqq. vorgebrachte Princip zu billigen scheine, da er nicht die die Götter entehrende Sage über den Namen Arespag sondern eine andere vorbringe. Und in demselben Sinne fährt er fort c. 10: .. et ad placandos ludis deos, qui delectantur seu veris seu falsis istis criminibus suis, inter theatricos plausus cantantur atque saltantur (vgl. Varro antiqq. rer. div. bei Aug. VI, 5: prima theologia maxime accommodata est ad theatrum, u. a. O.). Haec Varro non credit, ne deorum naturae seu moribus credat incongrua ff. Man würde demnach gewiss Unrecht thun, wollte man diese Anführungen unter die Fragmente der Bücher de gente P. R. aufnehmen. In den beiden letzten Büchern waren natürlich latinische und römische Culte, Sitten und Aehnliches beschrieben, z. B. in dem dritten Buche Aug. c. 19: Sed Aenean, quoniam quando mortuus est non comparuit, deum sibi fecerunt Latini. Sabini etiam regem suum primum Sancum sive, ut aliqui appellant, Sanctum, rettulerunt in deos, und in dem dritten oder vierten Servius in Verg. Aen. VI, 760: Pura hasta] i. e. sine ferro. Nam hoc fuit praemium apud majores ejus qui tunc primum vicisset in praelio, sicut ait Varro in libris de gente populi Romani. s. Propert. IV, 3, 68, Marquardt, Handbuch d. röm.

Alterth. III, 2 p. 245 Anm. 1358; sowie Servius in Verg. Georg. III, 18: quia, ut Varro dicit in libris de gente populi Romani, olim XXV missus fiebant, sed vicesimus quintus dicebatur aerarius, eo quod de collatione populi exhibebatur. Qui desiit esse, postquam conferendae pecuniae est consuetudo sublata: unde hodieque permansit ut ultimus missus appelletur aerarius. (Das Folgende über die Circenses, welches wiederkehrt in Aen. VIII, 636, kann ebensogut aus dem lib. IX. antiqq. rer. div. entnommen sein), welches Fragment ohne allen Grund, wie man sieht, Riccobonus den Büchern de vita P. R. zugetheilt hat; vgl. Cassiodor. var. III, 51: viginti quatuor missibus conditio hujus certaminis expeditur; und L. Friedländer in Becker-Marquardt, Handbuch IV. p. 506 Anm. 3276. Servius in Verg. Aen. IX, 603 sagt sogar ausdrücklich: Italiae disciplina et vita laudatur, quam et Cato in originibus et Varro in gente populi Romani commemorat. obwohl freilich Krahner Varr. antiqq. p. 10 meint, es müsse ohne allen Zweifel gelesen werden: in vita populi Romani, was, wie ich Varr. de vita P. R. reliqq. p. 41, n. 4 glaube richtig erinnert zu haben, auf einer Nichtbeachtung der Worte des Remulus Numanus, eines Italers, nicht eines Genossen des Aeneas: durum a stirpe genus, zu denen jenes Scholion gehört, beruht. Die Stelle muss daher, wenn was ich über die Theilung des Inhaltes der beiden letzten Bücher vermuthet habe richtig ist, sich auf das dritte Buch beziehen. Und ebenso richtig und für den Inhalt unserer Schrift bezeichnend ist auch die Stelle des Servius in Verg. Aen. VII, 176: Majores enim nostri sedentes epulabantur, quem morem habuerunt a Laconibus et Cretensibus; ut Varro docet in libris de gente populi Romani: in quibus dicit quid a quaque traxerint gente per imitationem; über welche zu Isidor. fgt. n. 26 Einiges bemerkt ist; wir sehen aus ihr, was durch alle übrigen Citate bei Servius bestätigt wird, dass Sittenschilderung mit ein wesentlicher Inhalt der Schrift gewesen ist, vorzugsweise aber aus dem Gesichtspunkte, um das Verhältniss der römischen Nation zu anderen daran zu erläutern. Er wollte in diesen Büchern zeigen, wie die Verfassungsverhältnisse der Römer, die sacralen Institute, das Privatleben — nicht seit Gründung Roms gewesen seien, dies entwickelte er in den Büchern de vita P. R., sondern — im Laufe der Zeiten entstanden seien. Wie er nachwies, dass das römische Volk nur ein Zweig der gesammten cultivierten Menschheit überhaupt sei, deren Geschichte mehr als zwei Jahrtausende weit, wenn auch mehr oder minder beglaubigt, zurückreiche, und die er genealogisch bis auf die Römer selbst herabführte, so musste er auch im Einzelnen darthun, dass die Römer durchaus nicht von fremden Nationen unbeeinflusst geblieben seien, und aus welchen Momenten die Individualität der Römer zusammengesetzt sei. Da Servius sagt: majores nostri, so scheint sich die Stelle auf das dritte oder vierte Buch zu beziehen.

Bisher noch nicht erwähnte Fragmente dieser Schrift sind ferner: aus dem ersten Buche bei Charisius ed. K. p. 125, 13 die Worte: in terra continenti, welche bei Erwähnung der ogygischen Fluth oder der Gründung der ersten Reiche ihren Platz haben mochten. Vielleicht mit Recht haben auch Krahner p. 24 und Boissier S. 187 auf dies Werk bezogen das varronische Bruchstück bei Servius in Verg. Aen. III, 578 (Mythogr. II. Mai p. 104 und Mythogr. III. Mai p. 166): Varro dicit, in diluvio aliquos ad montes confugisse cum utensilibus, qui lacessiti postea bello ab his, qui de aliis veniebant montibus, facile ex locis superioribus vicerunt. Unde factum (Lion: fictum) est, ut dii superiores dicerentur, inferiores vero terrigenae. Et quia de humillimis ad summa reptabant, dicti sunt pro pedibus habuisse serpentes (vgl. unten fr. II, 17 und Augustin. d. Civ. D. XX, 18 extr.: in superioribus partibus, quo ita non ascendet flamma illius incendii, quem ad modum nec unda diluvii). Freilich kann man auch an die antiqq. rer. div. denken. Noch wahrscheinlicher ist es, dass die Stelle, die Krahner p. 24 ebenfalls anzieht, Servius in Verg. ecl. VI, 41: quo tempore Saturnus regnavit, in terris non fuit diluvium: sed sub Ogyge, rege Thebanorum. Secundum autem diluvium fuit sub Deucalione et Pyrrha. Sane sciendum, et per diluvium et per ecpyrosin significari temporum mutationem; aus dieser Schrift geschöpft ist; man vgl. mit derselben Probus in Verg. Georg. I, 60 und Censorin. p. 55, 10: cujus anni hiemps summa est cataclysmos, quam nostri diluvionem vocant, aestas autem ecpyrosis, quod est mundi incendium. nam his alternis temporibus mundus tum exignescere tum exaquescere videtur. Die varronischen Fragmente, bei Lactant. inst. div. I, 17 und Augustin. de cons. ev. I, 23, mit Boissier. S. 186 Anm. auch auf die Schrift de gente P. R. zu beziehen, liegt gar kein Grund vor. Aus dem dritten Buche citiert Charisius p. 61, 6 und p. 137, 12 ed. K. die Worte: a mare operta oppida, d. h. (latinische) Städte, die nach der Meeresseite zu geschützt, sicher sind. Endlich erwähnt diese Schrift noch Servius in Verg. Aen. VII, 657, wo er die Ableitung des Aventinus mons ab avibus, dann von einem dort getödteten und begrabenen König der Aboriginer Aventinus, und von einem Albanerkönig Aventinus, dem Vorgänger des Procas, erwähnt und dann fortfährt: Varro tamen dicit in gente populi Romani, Sabinos a Romulo susceptos istum accepisse montem quem ab Avente fluvio provinciae suae Aventinum appellaverunt, (über diesen Fluss Avens s. Preller, Ausgew. Aufs. S. 256 ff.) womit zwar in Widerspruch steht, was, natürlich aus derselben Quelle, mittheilt Aug. XVIII, 21: Aventinus autem, qui duodecimo loco Aenean sequitur, cum esset prostratus in bello et sepultus in eo monte, qui etiam nunc ejus nomine nuncupatur, deorum talium, quales sibi faciebant, numero est additus. Alii sane noluerunt eum in proelio scribere occisum, sed non comparuisse dixerunt; nec ex ejus vocabulo appellatum montem, sed ex adventu avium dictum Aventinum. Indessen darf man wohl annehmnn, Varro habe an jener Stelle (des dritten Buches) alle jene Etymologieen oder wenigstens mehrere derselben erwähnt, das Referat des Augustin oder des Servius (oder beider) sei insofern ungenau, als eins derselben eine Ansicht als endgültig hinstelle, die Varro gerade verworfen habe. Noch eine andere Etymologie stellt übrigens Varro de l. l. V, 43 auf; vgl. auch O. Müller zu Paul. Fest. p. 19, 4.

Ich lasse die einzelnen Fragmente selbst folgen, denen ich nur an wenigen Stellen den kritischen Apparat beigefügt habe, da die meisten keine wörtlichen Citate enthalten. Diejenigen, welche nicht ausdrücklich als aus dieser Schrift genommen angeführt werden, habe ich durch ein †, die nur durch Conjectur auf irgend ein bestimmtes Buch bezogenen durch einen * gekennzeichnet. Auch habe ich, um nicht zu ungewisse Hypothesen aufstellen zu müssen, eine Rubrik: lib. III. oder IV. einrichten müssen.

Zeugnisse über die Schrift Varros de gente populi Romani.

1. Augustin. de Civ. D. XVIII, 2: Erat etiam tempore illo regnum Sicyoniorum ad modum parvum, a quo ille undecumque doctissimus Marcus Varro scribens de gente populi Romani, velut antiquo tempore, exorsus est. Ab his enim Sicyoniorum regibus ad Athenienses pervenit, a quibus ad Latinos, inde ad Romanos.

Papias vocab. s. v. Regnum, s. Mercklin im Philolog. III. 1848 p. 554.

2. Ibid.: Sed quoniam res Graecae multo sunt nobis quam Assyriae notiores, et per Graecos ad Latinos ac deinde ad Romanos, qui etiam ipsi Latini sunt, temporum seriem deduxerunt qui gentem populi Romani in originis ejus antiquitate rimati sunt: ob hoc debemus, ... res autem, quas propter comparationem civitatis utriusque, terrenae scilicet et caelestis, huic operi oportet inserere, magis ex Graecis et Latinis, ... debemus adsumere.

Bruchstücke von Varros Schrift de gente populi Romani.

Buch I.

1. Arnobius adv. natt. V, 8: Varro ille Romanus multiformis eminens disciplinis et in vetustatis indagatione rimator, in librorum quatuor primo quos de gente conscriptos

Romani populi dereliquit, curiosis computationibus edocet, ab diluvii tempore cujus supra fecimus mentionem (d. h. Deucalionis) ad usque Hirti consulatum et Pansae annorum esse milia nondum duo.

2. Augustin. de Civ. D. XVIII, c. 8 extr.: Nam Varro inde exorsus est librum, cujus mentionem superius feci, (nāml. de gente populi Romani), et nihil sibi, ex quo perveniat ad res Romanas, proponit antiquius quam Ogygi diluvium, hoc est Ogygi factum temporibus.

Schol. in Stat. Theb. I, 173: Ogyges (Roth. Varr. fgt. hist. p. 390: Ogygus), ut Varro docet in libris de gente populi Romani, rex fuit Thebanorum, sub quo primum diluvium factum est, longe ante quam illud quod sub Deucalione factum esse narratur.

* 3. Augustin. d. Civ. D. XXI, 8: Est in Marci Varronis libris, quorum inscriptio est de gente populi Romani, quod eisdem verbis, quibus ibi legitur, et hic ponam: In caelo, inquit, mirabile extitit portentum; nam in stella Veneris nobilissima, quam Plautus Vesperuginem, (Plaut. Amphitr. I, 1, 119) Homerus Hesperon appellat, pulcherrimam dicens (Hom. Il. XXII, 318), Castor scribit tantum portentum extitisse, ut mutaret colorem, magnitudinem, figuram, cursum; quod factum ita neque antea neque postea sit. Hoc factum Ogygo rege dicebant Adrastos Cyzicenos et Dion Neapolites, mathematici nobiles.

* 4. Augustin. d. Civ. D. XXII, 28: Mirabilius autem quiddam Marcus Varro ponit in libris, quos conscripsit de gente populi Romani, cujus putavi verba ipsa ponenda: Genethliaci quidam scripserunt, inquit, esse in renascendis hominibus quam appellant παλιγγενεσίαν Graeci; hac scripserunt confici in annis numero quadringentis quadraginta, ut idem corpus et eadem anima, quae fuerint conjuncta in homine aliquando, eadem rursus redeant in conjunctionem.

† 5. Censorin. d. d. nat. c. 21 p. 62 ed. Jahn.: nunc vero id intervallum temporis tractabo quod ἱστορικὸν Varro adpellat. Hic enim tria discrimina temporum esse tradit, primum ab hominum principio ad cataclysmum priorem,

quod propter ignorantiam vocatur ἄδηλον, secundum a cataclysmo priore ad olympiadem primam, quod, quia in eo multa fabulosa referuntur, μυθικὸν nominatur, tertium a prima olympiade ad nos, quod dicitur ἱστορικόν, quia res in eo gestae veris historiis continentur. Primum enim tempus, sive habuit initium seu semper fuit, certe quot annorum sit non potest comprehendi. secundum non plane quidem scitur, sed tamen ad mille circiter et sexcentos annos esse creditur. a priore scilicet cataclysmo, quem dicunt Ogygii, ad Inachi regnum anni sunt circiter quadringenti, hinc ad excidium Trojae anni octingenti (s. oben S. 47), hinc ad olympiadem primam paulo plus quadringenti. . . . De tertio autem tempore fuit quidem aliqua inter auctores dissensio in sex septemve tantummodo annis versata: sed hoc quodcumque caliginis Varro discussit, et pro cetera sua sagacitate nunc diversarum civitatium conferens tempora, nunc defectus eorumque intervalla retro dinumerans, eruit verum, lucemque ostendit, per quam numerus certus non annorum modo sed et dierum perspici possit.

6. Charisius p. 125, 13 ed. K.: Continenti Varro de gente populi Romani libro I.: in terra continenti.

7. Charisius p. 130, 5 ed. K.: Fagus Varro de gente P. R. I.: fagus quas Graece φηγούς vocant.

Id. p. 128, 27 ed. K.: fagus Varronem dicere sub f littera dedimus exemplum.

† 8. August. d. Civ. D. XVIII, 2: . . secundi reges erant . . apud Sicyonios Europs, primi autem . . hic Aegialeus fuerunt.

† 9. August. d. Civ. D. XVIII, 2 extr.: Sicyoniorum autem regnum tunc tenebat Telxion. Quo regnante usque adeo ibi mitia et laeta tempora fuerunt, ut eum defunctum velut deum colerent sacrificando et ludos celebrando, quos ei primitus institutos ferunt.

Buch II.

* 1. August. d. C. D. XVIII, 3: . . regnantibus . . apud Sicyonios Thuriaco, . . septimis regibus. Regnum autem Ar-

givorum .. ortum est, ubi primus regnavit Inachus. Sane .. etiam apud sepulcrum septimi sui regis Thuriaci sacrificare Sicyonios solere Varro refert.

† 2. Ibid.: Regnantibus porro octavis regibus .. Sicyoniorum Leucippo et primo Argivorum Inacho.

† 3. Ibid.: .. cum .. Phoroneus Inachi filius secundus regnaret Argivis .. His temporibus Graecia sub Phoroneo Argolico rege legum et judiciorum quibusdam clarior facta est institutis. Phegous tamen frater hujus Phoronei junior cum esset mortuus, ad ejus sepulcrum templum est constitutum, in quo coleretur ut deus et ei boves immolarentur. Credo honore tanto ideo dignum putarunt, quia in regni sui parte — pater quippe loca ambobus distribuerat, in quibus eo vivente regnarent — iste sacella constituerat ad colendos deos et docuerat observari tempora per menses atque annos, quid eorum quatenus metirentur atque numerarent. Haec in eo nova mirantes rudes adhuc homines morte obita deum esse factum sive opinati sunt sive voluerunt.

* 4. Ibid.: . . . quamvis alii scribant eam (scil. Isidem) ex Aethiopia in Aegyptum venisse reginam, et quod late justeque imperaverit eisque multa commoda et litteras instituerit, hunc honorem illi habitum esse divinum, postea quam ibi mortua est, et tantum honorem, ut capitali crimine reus fieret, si quis eam fuisse hominem diceret.

Aug. d. Civ. D. XVIII, 40 in.: .. (Aegyptii) qui non multum ante annorum duo milia litteras magistra Iside didicerunt? Non enim parvus auctor est in historia Varro, qui hoc prodidit.

† 5. Aug. de Civ. D. XVIII, 4 in.: Regnantibus .. rege .. Sicyoniorum nono Messapo, qui etiam Cephisos a quibusdam traditur — si tamen duorum nominum homo unus fuit ac non potius alterum pro altero putaverunt fuisse hominem, qui in suis posuerunt scriptis alterum nomen, — cum rex Argivorum tertius Apis esset.

* 6. Augustin. d. C. D. XVIII, 5 in.: His temporibus rex Argivorum Apis navibus transvectus in Aegyptum, cum

ibi mortuus fuisset, factus est Serapis omnium maximus Aegyptiorum deus. Nominis autem hujus, cur non Apis etiam post mortem, sed Serapis appellatus sit, facillimam rationem Varro reddidit. Quia enim arca in qua mortuus ponitur, quod omnes jam sarcophagum vocant, σορὸς dicitur Graece, et ibi eum venerari sepultum coeperant, prius quam templum ejus esset extructum: velut soros et Apis Sorapis primo, deinde una littera, ut fieri adsolet, commutata Serapis dictus est. Et constitutum est etiam de illo (s. fgm. II, 4), ut, quisquis eum hominem fuisse dixisset, capitalem penderet poenam. Et quoniam fere in omnibus templis, ubi colebantur Isis et Serapis, erat etiam simulacrum, quod digito labiis impresso admonere videretur, ut silentium fieret: hoc significare idem Varro existimat, ut homines eos fuisse taceretur. Ille autem bos, quem mirabili vanitate decepta Aegyptus in ejus honorem deliciis adfluentibus alebat, quoniam eum sine sarcophago vivum venerabantur, Apis, non Serapis vocabatur. Quo bove mortuo quoniam quaerebatur et reperiebatur vitulus coloris ejusdem, hoc est albis quibusdam maculis similiter insignitus, mirum quiddam et divinitus sibi procuratum esse credebant.

† 7. Aug. d. Civ. D. XVIII, 6 in: Apis ergo rex, non Aegyptiorum sed Argivorum mortuus est in Aegypto. Huic filius Argus successit in regnum, ex cujus nomine et Argi et ex hoc Argivi appellati sunt. Superioribus autem regibus nondum vel locus vel gens habebat hoc nomen. Hoc regnante apud Argivos et apud Sicyonios Erato. .

† 8. Aug. d. Civ. D. XVIII, 6 extr.: Regnante Argo suis coepit uti frugibus Graecia et habere segetes in agricultura, delatis aliunde seminibus. Argus quoque post obitum deus haberi coepit, templo et sacrificiis honoratus. Qui honor eo regnante ante illum delatus est homini privato et fulminato cuidam Homogyro, eo quod primus ad aratrum boves junxerit.

† 9. Aug. d. Civ. D. XVIII, 7: Regnantibus . . . undecimo Sicyoniorum Plemnaeo et Argis adhuc manente Argo . .

† 10. Aug. d. Civ. D. XVIII. 8 in.: Cum ergo regnaret. . Sicyoniis duodecimus Orthopolis et Criasus quintus Argivis. . Regnantibus memoratis regibus fuisse a quibusdam creditur Prometheus, quem propterea ferunt de luto formasse homines, quia optimus sapientiae doctor fuisse perhibetur; nec tamen ostenditur qui ejus temporibus fuerint sapientes. Frater ejus Atlans magnus fuisse astrologus dicitur; unde occasionem fabula invenit, ut eum caelum portare confingeret; quamvis mons ejus nomine nuncupetur, cujus altitudine potius caeli portatio in opinionem vulgi venisse videatur. (Aber vgl. Hieron. n. 428. 332 und n. 378.)

† 11. Aug. d. Civ. D. XVIII, 8: Multa quoque alia ex illis in Graecia temporibus confingi fabulosa coeperunt; sed usque ad Cecropem regem Atheniensium, quo regnante eadem civitas etiam tale nomen accepit, . . . relati sunt in deorum numerum aliquot mortui. . In quibus Criasi regis conjux Melantomice et Phorbas filius eorum, qui post patrem rex Argivorum sextus fuit, et septimi regis Triopae filius Iasus et rex nonus Sthenelas sive Stheneleus sive Sthenelus, varie quippe in diversis auctoribus invenitur. His temporibus etiam Mercurius fuisse perhibetur, nepos Atlantis ex Maja filia, quod vulgatiores etiam litterae personant. Multarum autem artium peritus claruit, quas et hominibus tradidit; quo merito eum post mortem deum esse voluerunt, sive etiam crediderunt. Posterior fuisse Hercules dicitur, ad ea tamen tempora pertinens Argivorum; quamvis nonnulli eum Mercurio praeferant tempore, quos falli existimo. Sed quolibet tempore nati sint, constat inter historicos graves, qui haec antiqua litteris mandaverunt, ambos homines fuisse, et quod mortalibus ad istam vitam commodius ducendam beneficia multa contulerint, honores ab eis meruisse divinos. Minerva vero longe his antiquior; nam temporibus Ogygi ad lacum, qui Tritonis dicitur, virginali apparuisse fertur aetate, unde et Tritonia nuncupata est (vgl. aber Hier. n. 236), multorum sane operum inventrix, et tanto proclivius dea credita, quanto minus origo ejus innotuit.

Quod enim de capite Jovis nata canitur, poetis et fabulis, non historiae rebusque gestis est adplicandum... Sed quolibet tempore fuerit, jam tamen Minerva tamquam dea colebatur regnante Atheniensibus Cecrope, sub quo rege etiam ipsam vel instauratam ferunt vel conditam civitatem.

* 12. August. d. C. D. XVIII, 9: Nam ut Athenae vocarentur, quod certe nomen a Minerva est, quae Graece Ἀθηνᾶ dicitur, hanc causam Varro indicat. Cum apparuisset illic repente olivae arbor et alio loco aqua erupisset, regem prodigia ista moverunt, et misit ad Apollinem Delphicum sciscitatum quid intelligendum esset quidve faciendum. Ille respondit, quod olea Minervam significaret, unda Neptunum, et quod esset in civium potestate, ex cujus potius nomine duorum deorum, quorum illa signa essent, civitas vocaretur. Isto Cecrops oraculo accepto cives omnes utriusque sexus — mos enim tunc in eisdem locis erat, ut etiam feminae publicis consultationibus interessent — ad ferendum suffragium convocavit. Consulta igitur multitudine mares pro Neptuno, feminae pro Minerva tulere sententias, et quia una plus inventa est feminarum, Minerva vicit. Tunc Neptunus iratus marinis fluctibus exaestuantibus terras Atheniensium populatus est;.. Cujus ut iracundia placaretur, triplici supplicio dicit idem auctor ab Atheniensibus affectas esse mulieres, ut nulla ulterius ferrent suffragia, ut nullus nascentium maternum nomen acciperet, ut ne quis eas Athenaeas vocaret.

* 13. Aug. d. Civ. D. XVIII, 10:.. Marcus Varro.. nec Areon pagon.. vult inde accepisse nomen, quod Mars, qui Graece Ἄρης dicitur, cum homicidii crimine reus fieret, judicantibus duodecim diis in eo pago sex sententiis absolutus est — quia ubi paris numeri sententiae fuissent, praeponi absolutio damnationi solebat —; sed contra istam... opinionem aliam quandam de obscurarum notitia litterarum causam nominis hujus conatur astruere.

* 14. Ibid.: His temporibus, ut Varro scribit, regnante Atheniensibus Cranao, successore Cecropis.. diluvium fuit, quod appellatum est Deucalionis, eo quod ipse regnabat in

earum terrarum partibus, ubi maxime factum est. Hoc autem diluvium nequaquam ad Aegyptum atque ad ejus vicina pervenit.

† 15. Aug. d. Civ. D. XVIII, 11: .. cum .. regnaret .. apud Sicyonios Marathus, apud Argivos Triopas.

† 16. Ibid.: ... regnante .. apud Sicyonios sexto decimo Corace, apud Argivos decimo Danao, apud Athenienses quarto Erichthonio.

† 17. Aug. d. Civ. D. XVIII, 12: Per haec tempora .. sacra sunt instituta diis .. a regibus Graeciae, quae memoriam diluvii et ab eo liberationis hominum vitaeque tunc aerumnosae modo ad alta, modo ad plana migrantium sollemni celebritate revocarunt. Nam et Lupercorum per sacram viam ascensum atque descensum sic interpretantur, ut ab eis significari dicant homines, qui propter aquae inundationem summa montium petiverunt et rursus eadem residente ad ima redierunt. His temporibus Dionysum, qui etiam Liber pater dictus est et post mortem deus habitus, vitem ferunt ostendisse in Attica terra hospiti suo. Tunc Apollini Delphico instituti sunt ludi musici, ut placaretur ira ejus, qua putabant adflictas esse sterilitate Graeciae regiones, quia non defenderint templum ejus, quod rex Danaus, cum easdem terras bello invasisset, incendit. Hos autem ludos ut instituerent, oraculo sunt ejus admoniti. In Attica vero rex Erichthonius ei ludos primus instituit, nec ei tantum, sed etiam Minervae, ubi praemium victoribus oleum ponebatur, quod ejus fructus inventricem Minervam, sicut vini Liberum tradunt. Per eos annos a rege Xantho Cretensium, cujus apud alios aliud nomen invenimus, rapta perhibetur Europa, et inde geniti Rhadamanthus, Sarpedon et Minos ... His temporibus Hercules in Tyria clarus habebatur; sed nimirum alius, non ille de quo supra (s. fgm. II, 11) locuti sumus. Secretiore quippe historia plures fuisse dicuntur et Liberi patres et Hercules. Hunc sane Herculem, cujus ingentia duodecim facta numerant, inter quae Antaei Afri necem non commemorant, quod ea res ad alterum Herculem pertinet, in Oeta monte a se ipso incensum

produnt suis litteris, cum ea virtute, qua multa subegerat, morbum tamen, quo languebat, sustinere non posset. Illo tempore vel rex vel potius tyrannus Busiris suis diis suos hospites immolabat, quem filium perhibent fuisse Neptuni ex matre Libya, filia Epaphi... Erichthonii regis Atheniensium .. Vulcanus et Minerva parentes fuisse dicuntur. Sed quoniam Minervam virginem volunt, in amborum contentione Vulcanum commotum effudisse ajunt semen in terram atque inde homini nato ob eam causam tale inditum nomen. Graeca enim lingua ἔρις contentio et χθὼν terra est, ex quibus duobus compositum vocabulum est Erichthonius. Verum, quod fatendum est, refellunt et a suis diis repellunt ista doctiores, qui hanc opinionem fabulosam hinc exortam ferunt, quia in templo Vulcani et Minervae, quod ambo unum habebant Athenis, expositus inventus est puer dracone involutus, qui eum significavit magnum futurum et propter commune templum, cum essent parentes ejus ignoti, Vulcani et Minervae dictum esse filium; nominis tamen ejus originem fabula illa potius quam ista designat historia.

† 18. Aug. d. Civ. D. XVIII, 13: His temporibus fabulae fictae sunt de Triptolemo, quod jubente Cerere anguibus portatus alitibus indigentibus terris frumenta volando contulerit; de Minotauro, quod bestia fuerit inclusa Labyrintho, quo cum intrassent homines, inextricabili errore inde exire non poterant; de Centauris, quod equorum hominumque fuerit natura conjuncta; de Cerbero, quod sit triceps inferorum canis; de Phryxo et Helle ejus sorore, quod vecti ariete volaverint; de Gorgone, quod fuerit crinita serpentibus, et aspicientes convertebat in lapides; de Bellerophonte, quod equo pinnis volante sit vectus, qui equus Pegasus dictus est; de Amphione, quod citharae suavitate lapides mulserit et adtraxerit; de fabro Daedalo et ejus Icaro filio, quod sibi coaptatis pinnis volaverint; de Oedipo, quod monstrum quoddam, quae Sphinga dicebatur, humana facie quadrupedem, soluta quae ab illa proponi soleret velut insolubili quaestione suo praecipitio perire compulerit; de Antaeo, quem necavit Hercules, quod filius terrae fuerit, propter quod

cadens in terram fortior soleret adsurgere; et si qua forte alia praetermisi.

† 19. Aug. d. Civ. D. XVIII, 13: .. finxerunt a Jove ad stuprum raptum pulcherrimum puerum Ganymedem, quod nefas rex Tantalus fecit et Jovi fabula tribuit, vel Danaes per imbrem aureum adpetisse concubitum, ubi intelligitur pudicitia mulieris auro fuisse corrupta, quae illis temporibus vel facta vel ficta sunt, aut facta ab aliis et ficta de Jove...

† 20. Ibid.: His temporibus Latona Apollinem peperit, non illum, cujus oracula solere consuli superius loquebamur, sed illum, qui cum Hercule servivit Admeto; qui tamen sic est deus creditus, ut plurimi ac paene omnes unum eundemque Apollinem fuisse opinentur. (Aber vgl. Hieron. n. 662). Tunc et Liber pater bellavit in India, qui multas habuit in exercitu feminas, quae Bacchae appellatae sunt, non tam virtute nobiles quam furore. Aliqui sane et victum scribunt istum Liberum et vinctum; nonnulli et occisum in pugna a Perseo, nec ubi fuerit sepultus tacent; et tamen ejus velut dei nomine.. Bacchanalia sacra .. sunt instituta, de quorum rabiosa turpitudine post tam multos annos sic senatus erubuit, ut in urbe Roma esse prohiberet. Per ea tempora Perseus et uxor ejus Andromeda postea quam sunt mortui, sic eos in caelum receptos esse crediderunt, ut imagines eorum stellis designare eorumque appellare nominibus non erubescerent non timerent.

† 21. Aug. d. Civ. D. XVIII, 14: Per idem temporis intervallum extiterunt poetae qui etiam theologi dicerentur, quoniam de diis carmina faciebant.... Orpheus, Musaeus, Linus. Verum isti theologi deos coluerunt non pro diis culti sunt; quamvis Orpheum nescio quo modo infernis sacris .. praeficere soleat civitas impiorum. Uxor autem regis Athamantis, quae vocabatur Ino, et ejus filius Melicertes praecipitio spontaneo in mari perierunt et opinione hominum in deos relati sunt, sicut alii homines eorum temporum, Castor et Pollux. Illam sane Melicertis matrem Leucothean Graeci, Matutam Latini vocaverunt, utrique tamen putantes deam.

† 22. Aug. d. Civ. D. XVIII, 15: Per ea tempora regnum finitum est Argivorum, translatum ad Mycenas, unde fuit Agamemnon, et exortum est regnum Laurentum, ubi Saturni filius Picus regnum primus accepit... Jam ergo regnabant Laurentes utique in Italia, ex quibus evidentior ducitur origo Romana post Graecos... De hujus Pici patre Saturno ... negant hominem fuisse; de quo .. alii scripserunt, quod ante Picum filium suum in Italia ipse regnaverit... Sed haec poetica opinentur esse figmenta et Pici patrem Stercen potius fuisse adseverent, a quo peritissimo agricola inventum ferunt, ut fimo animalium agri fecundarentur, quod ab ejus nomine stercus est dictum; hunc quidam Stercutium vocatum ferunt. Qualibet autem ex causa eum Saturnum appellare voluerint, certe tamen hunc Stercen sive Stercutium merito agriculturae fecerunt deum. Picum quoque similiter ejus filium in talium deorum numerum receperunt, quem praeclarum augurem et belligeratorem fuisse asserunt. Picus Faunum genuit, Laurentum regem secundum; etiam iste deus illis vel est vel fuit. Hos ante Trojanum bellum divinos honores mortuis hominibus detulerunt.

23. Aug. d. Civ. D. XVIII, 13: .. bellum.. Trojanum, ubi secundum librum Marcus Varro de populi Romani gente finivit.

Buch III.

* 1. Aug. d. Civ. D. XVIII, 16: Troja .. eversa excidio illo .. quod .. est gestum .. regnante jam Latino Fauni filio, ex quo Latinorum regnum dici coepit Laurentumque cessavit, Graeci victores deletam Trojam derelinquentes et ad propria remeantes diversis et horrendis cladibus dilacerati atque contriti sunt; et tamen etiam ex eis deorum suorum numerum auxerunt. Nam et Diomeden fecerunt deum, quem poena divinitus inrogata perhibent ad suos non revertisse; ejusque socios in volucres fuisse conversos non fabuloso poeticoque mendacio, sed historica adtestatione confirmant quibus nec deus, ut putant, factus humanam revocare naturam vel ipse potuit vel certe a Jove suo rege tamquam

caelicola novicius impetravit. Quin etiam templum ejus esse ajunt in insula Diomedea, non longe a monte Gargano, qui est in Apulia, et hoc templum circumvolare atque incolere has alites tam mirabili obsequio, ut aquam impleant et aspergant; et eo si Graeci venerint vel Graecorum stirpe prognati, non solum quietas esse, verum et insuper adulare; si autem alienigenas viderint, subvolare ad capita, tamque gravibus ictibus, ut etiam perimant, vulnerare. Nam duris et grandibus rostris satis ad haec proelia perhibentur armatae.

* 2. Aug. d. Civ. D. XVIII, 17: Hoc Varro ut astruat, commemorat alia non minus incredibilia de illa maga famosissima Circe, quae socios quoque Ulixis mutavit in bestias, et de Arcadibus, qui sorte ducti transnatabant quoddam stagnum atque ibi convertebantur in lupos et cum similibus feris per illius regionis deserta vivebant. Si autem carne non vescerentur humana, rursus post novem annos eodem renatato stagno reformabantur in homines. Denique etiam nominatim expressit quendam Demaenetum, cum gustasset de sacrificio, quod Arcades immolato puero deo suo Lycaeo facere solerent, in lupum fuisse mutatum, et anno decimo in figuram propriam restitutum pugilatum sese exercuisse et Olympiaco vicisse certamine (s. Plin. n. h. VIII, §. 82). Nec idem propter aliud arbitratur historicus in Arcadia tale nomen adfictum Pani Lycaeo et Jovi Lycaeo, nisi propter hanc in lupos hominum mutationem, quod eam nisi vi divina fieri non putarent. Lupus enim Graece λυκὸς dicitur, unde Lycaei nomen apparet inflexum. Romanos etiam Lupercos ex illorum mysteriorum veluti semine dicit exortos.

Vgl. Isidor. etym. VIII, 9, 5.

† 3. August. d. Civ. D. XVIII, 19: Eo tempore post captam Trojam atque deletam Aeneas cum viginti navibus, quibus portabantur reliquiae Trojanorum, in Italiam venit, regnante ibi Latino et apud Athenienses Menestheo, apud Sicyonios Polyphide... Mortuo autem Latino regnavit Aeneas tribus annis, eisdem in supradictis locis manentibus regibus, nisi quod Sicyoniorum jam Pelasgus erat... Sed

Aenean, quoniam quando mortuus est non comparuit, deum sibi fecerunt Latini. Sabini etiam regem suum primum Sancum sive, ut aliqui appellant, Sanctum, rettulerunt in deos. Per idem tempus Codrus rex Atheniensium Peloponnensibus ejusdem hostibus civitatis se interficiendum ignotus objecit; et factum est. Hoc modo eum praedicant patriam liberasse. Responsum enim acceperant Peloponnenses tum demum se superaturos, si eorum regem non occidissent. Fefellit ergo eos habitu pauperis apparendo et in suam necem per jurgium provocando... Et hunc Athenienses tamquam deum sacrificiorum honore coluerunt. Quarto Latinorum rege Silvio Aeneae filio, non de Creusa, de qua fuit Ascanius, qui tertius ibi regnavit, sed de Lavinia Latini filia, quem postumum Aeneas dicitur habuisse, .. Melantho Atheniensium sexto decimo .. regnum Sicyoniorum consumptum est, quod per annos nongentos quinquaginta et novem traditur fuisse porrectum.

† 4. Aug. d. Civ. D. XVIII, 20: Ab illo igitur tempore hi reges Latinorum esse coeperunt, quos cognominabant Silvios; ab eo quippe, qui filius Aeneae primus dictus est Silvius, ceteris subsecutis et propria nomina imponebantur et hoc non defuit cognomentum.... Tunc Athenienses habere deinde reges post Codri interitum destiterunt et magistratus habere coeperunt administrandae reipublicae.... apud Latinos condita est Alba, ex qua deinceps non Latinorum, sed Albanorum reges appellari, in eodem tamen Latio, coeperunt.

† 5. Aug. d. Civ. D. XVIII, 21: Latium post Aenean, quem deum fecerunt, undecim reges habuit, quorum nullus deus factus est. Aventinus autem, qui duodecimo loco Aenean sequitur, cum esset prostratus in bello et sepultus in eo monte, qui etiam nunc ejus nomine nuncupatur, deorum .. numero est additus. Alii sane noluerunt eum in proelio scribere occisum, sed non comparuisse dixerunt; nec ex ejus vocabulo appellatum montem, sed ex adventu avium dictum Aventinum.

* 6. Servius in Verg. Aen. VII, 657: Aventinus mons urbis Romae est: quem constat ab avibus esse nominatum: quae de Tiberi ascendentes illic sedebant... Quidam etiam rex Aboriginum Aventinus nomine illic et occisus et sepultus est: sicut etiam Albanorum rex Aventinus: cui successit Procas. Varro tamen dicit in gente (cod. Regin.: gentem) populi Romani: Sabinos a Romulo susceptos istum accepisse montem quem ab Avente (cod. Regin.: euante) fluvio provinciae (cod. Reg.: provintiae) suae Aventinum appellaverunt (so codd. Regin. Paris., vulg.: appellaverunt Aventinum). Constat ergo, has varias opiniones postea secutas. Nam a principio Aventinus dictus est ab avibus: vel a rege Aboriginum.

† 7. Aug. d. Civ. D. XVIII, 21: Post hunc (Aventinum) non est deus factus in Latio, nisi Romulus conditor Romae. Inter istum autem et illum reges reperiuntur duo, quorum primus est... Procas... Procas autem regnavit ante Amulium.

8. Charisius p. 99, 17 ed. K.: Olympia feminino genere locus ipse dicitur, certamina vero neutraliter. nam Varro ait... sed idem de gente populi Romani III: ludos Olympia fecerat.

† 9. Aug. d. Civ. D. XVIII, 21: Porro Amulius fratris sui Numitoris filiam Rheam nomine, quae etiam Ilia vocabatur, Romuli matrem, Vestalem virginem fecerat, quam volunt de Marte geminos concepisse, isto modo stuprum ejus honorantes vel excusantes, et adhibentes argumentum, quod infantes expositos lupa nutriverit. Hoc enim genus bestiae ad Martem existimant pertinere, ut videlicet ideo lupa credatur admovisse ubera parvulis, quia filios domini sui Martis agnovit; quamvis non desint qui dicant, cum expositi vagientes jacerent, a nescio qua primum meretrice fuisse collectos et primas ejus suxisse mamillas — meretrices autem lupas vocabant, unde etiam nunc turpia loca earum lupanaria nuncupantur, — et eos postea ad Faustulum pervenisse pastorem atque ab ejus Acca uxore nutritos. ... Amulio successit in regnum Latiare frater ejus Numitor, avus Romuli, cujus Numitoris primo anno condita est Roma; ac per hoc cum suo deinceps, id est Romulo, nepote regnavit.

10. Charisius p. 61, 6: Mare. Varro de gente populi Romani III: a mare operta oppida, pro a mari, ut refert Plinius.

Id. p. 137, 12: Mare Varro de gente populi Romani III: a mare operta oppida, pro a mari, ut refert Plinius.

* 11. Servius in Verg. Aen. IX, 603: Italiae disciplina et vita laudatur: quam et Cato in originibus et Varro in gente populi Romani commemorat.

Buch IIII.

† 1. Aug. d. Civ. D. XVIII, 22: .. condita est civitas Roma .. c. 23: Eodem tempore nonnulli Sibyllam Erythraeam vaticinatam ferunt.

† 2. Aug. d. Civ. D. XVIII, 24: Eodem Romulo regnante Thales Milesius fuisse perhibetur, unus e septem sapientibus, qui post theologos poetas, in quibus Orpheus maxime omnium nobilitatus est, σοφοὶ appellati sunt, quod est Latine sapientes. ... Mortuum Romulum, cum et ipse non comparuisset, in deos ... rettulere Romani. ... Regnavit deinde Numa post Romulum... Hoc regnante Romae... Samiam fuisse Sibyllam ferunt.

† 3. Aug. d. Civ. D. XVIII, 25: Regnante ... apud Romanos Tarquinio Prisco, qui successerat Anco Marcio.. Eo tempore Pittacus Mitylenaeus, alius e septem sapientibus, fuisse perhibetur... Hi sunt autem (quinque ceteri sapientes): Solon Atheniensis, Chilon Lacedaemonius, Periandrus Corinthius, Cleobulus Lindius, Bias Prienaeus. Omnes hi, septem appellati sapientes, post poetas theologos claruerunt, quia genere vitae quodam laudabili praestabant hominibus ceteris et morum nonnulla praecepta sententiarum brevitate complexi sunt. Nihil autem monumentorum, quod ad litteras adtinet, posteris reliquerunt, nisi quod Solon quasdam leges Atheniensibus dedisse perhibetur; Thales vero physicus fuit et suorum dogmatum libros reliquit. Eo .. tempore et Anaximander et Anaximenes et Xenophanes physici claruerunt. Tunc et Pythagoras, ex quo coeperunt appellari philosophi.

† 4. Aug. d. Civ. D. XVIII, 26: .. regnante Romanorum septimo rege Tarquinio. Quo expulso etiam ipsi a regum suorum dominatione liberi esse coeperunt.

Buch III. oder IIII.

* 1. Servius in Verg. Aen. VII, 176: Majores enim nostri sedentes epulabantur, quem morem habuerunt a Laconibus et Cretensibus: ut Varro docet in libris de gente populi Romani: in quibus dicit quid a quaque traxerint gente per imitationem. (cod. Regin. om.: per imitationem. cod. Paris.: quem morem a Laconibus habuerunt vel Cretensibus ut Varro docet in libris de gente populi Romani in qui[b]; dicit qd (VI) aqua gente tranf|||i||| erit per imitationem.)

* 2. Servius in Verg. Aen. VI, 760: Pura hasta] i. e. sine ferro. Nam hoc fuit praemium apud majores ejus, qui tunc primum vicisset in proelio, sicut ait Varro (cod. Paris. om.: Varro) in libris de gente populi Romani.

* 3. Servius in Verg. Georg. III, 18: Centum quadrijugos agitabo ad flumina], i. e. unius diei exhibebo Circenses: quia ut Varro dicit in libris de gente populi Romani, olim XXV missus fiebant (cod. Vat.: missi exhibebantur), sed vicesimus quintus dicebatur aerarius, eo quod de collatione populi exhibebatur. Qui desiit esse, postquam conferendae pecuniae est consuetudo sublata: unde hodieque permansit, ut ultimus missus appelletur (cod. Vat.: appellatur) aerarius. Ergo centum currus secundum antiquitatem dixit, sicut etiam ad flumina. Olim enim in litore fluminis (cod. Vat.: fluminum) Circenses agitabantur (cod. Par.: agebantur, mit durchstrichenem n): in altero latere positis gladiis, ut ab utraque parte esset ignaviae praesens periculum. Unde et Circenses dicti sunt, quia exhibebantur in circuitu (cod. Par.: circu||ita) ensibus positis: licet alii a circumeundo dicant (cod. Vat.: circuiendo dicunt) Circenses vocari.

Zeitfracht Medien GmbH
Ferdinand-Jühlke-Straße 7
99095 Erfurt, Deutschland
produktsicherheit@kolibri360.de